全国中职汽车运用与维修专业技能大赛指导丛书

Qiche Weixiu Jiben Jineng Zhinan

汽车维修基本技能指南

中国汽车维修行业协会　组织编写
王　宁　主　编
朱　军　主　审

人民交通出版社股份有限公司
China Communications Press Co.,Ltd.

内 容 提 要

本书为全国中职汽车运用与维修专业技能大赛汽车维修基本技能项目的指导书,书中列举了比赛中的 2 个操作任务,包括发动机曲柄连杆机构的拆解、检查和组装,发动机故障诊断与排除,以及示例科鲁兹轿车常见传感器及执行器的诊断步骤和波形。"任务"中针对大赛中易错的地方有操作提示和实用技巧,也有大赛冠军院校的经验总结。

本书可作为中等职业学校备战各级技能比赛参考使用,也可作为汽车运用与维修专业的教材,也可供相关从业人员参考阅读。

图书在版编目(CIP)数据

汽车维修基本技能指南/王宁主编. —北京:人民交通出版社股份有限公司,2017.12
(全国中职汽车运用与维修专业技能大赛指导丛书)
ISBN 978-7-114-14079-2

Ⅰ.①汽… Ⅱ.①王… Ⅲ.①汽车—车辆修理—中等专业学校—教材 Ⅳ.①U472.4

中国版本图书馆 CIP 数据核字(2017)第 192156 号

全国中职汽车运用与维修专业技能大赛指导丛书
书　　名:汽车维修基本技能指南
著 作 者:王　宁
责任编辑:郭　跃
出版发行:人民交通出版社股份有限公司
地　　址:(100011)北京市朝阳区安定门外外馆斜街 3 号
网　　址:http://www.ccpress.com.cn
销售电话:(010)59757973
总 经 销:人民交通出版社股份有限公司发行部
经　　销:各地新华书店
印　　刷:北京市密东印刷有限公司
开　　本:787×1092　1/16
印　　张:6.25
字　　数:129 千
版　　次:2017 年 12 月　第 1 版
印　　次:2017 年 12 月　第 1 次印刷
书　　号:ISBN 978-7-114-14079-2
定　　价:15.00 元

(有印刷、装订质量问题的图书由本公司负责调换)

全国中职汽车运用与维修专业技能大赛指导丛书编审委员会

张京伟（中国汽车维修行业协会）
王凯明（中国汽车维修行业协会）
朱　军（中国汽车维修行业协会）
卞良勇（山东交通学院）
刘　亮（麦特汽车服务股份有限公司）
张小鹏（庞贝捷漆油贸易（上海）有限公司）
于开成（《汽车维护与修理》杂志社）
薛　峰（上海通用汽车有限公司）
付照洪（博世汽车服务技术（苏州）有限公司）
汪胜国（宁波市智汇汽车运用与维修技术研究中心）
麻建林（宁波公运教育科技有限公司）
励　敏（江苏省无锡汽车工程中等专业学校）
王　宁（青岛市城阳区职业中等专业学校）
林育彬（宁波市鄞州职业高级中学）
林旭翔（杭州技师学院）
徐兴振（苏州建设交通高等职业技术学校）
康学楠（中国汽车维修行业协会）
沈建伟（《汽车维护与修理》杂志社）
李　斌（人民交通出版社股份有限公司）
翁志新（人民交通出版社股份有限公司）

全国职业院校技能大赛(以下简称"大赛")是中华人民共和国教育部发起,联合相关部门、行业组织和地方共同举办的一项全国性职业院校学生技能竞赛活动。大赛作为我国职业教育工作的一项重大制度设计与创新,深化了职业教育教学改革,推动了产教融合、校企合作,促进了人才培养和产业发展的结合,扩大了职业教育的国际交流,增强了职业教育的影响力和吸引力。大赛已经成为广大师生展示风采、追梦圆梦的广阔舞台,成为促进我国职业教育改革发展的重要抓手,对职业院校办出特色、办出水平的引领作用日益凸显。

汽车运用与维修(中职组)赛项是大赛94个竞赛项目中规模最大、影响力最大的赛项之一。本赛项每年吸引数百所院校参赛与观摩,诸多院校对赛项的考核要求、评分标准等内容关注度非常高,为了满足院校的需求,由汽车运用与维修(中职组)赛项承办单位中国汽车维修行业协会作为主要发起方,联合人民交通出版社股份有限公司,共同组织了本赛项5个项目的裁判长、本赛项近三年冠军院校的指导老师以及业内知名专家齐聚山东德州,启动了全国中职汽车运用与维专业技能大赛指导丛书的编写工作。

本套书共6本,其中《汽车运用与维修技能大赛赛事指南》为大赛承办单位对本赛项一个概要性介绍;其余5本分别对应5个分赛项,以实际操作流程为主线,结合编者所在院校多年的备赛经验和参赛体会,针对大赛中易错的地方有操作提示,针对训练中需要注意的地方有实用技巧,更有经验总结、要点说明等"精华",文后有从本赛项题库中遴选的部分理论试题并配有解析。本套书的出版在一定程度上说明了大赛怎么办,大赛怎么准备,大赛怎么比的问题,为广大中职、技工院校办赛、备赛、比赛提供了参考。

《汽车维修基本技能指南》是本套指导丛书中的一本。本书由青岛市城阳区职业中等专业学校王宁担任主编。由青岛高新职业学校韩佳丽,青岛市城阳区职业中等专业学校于保思、黄学峰、赵海曼,成都汽车职业技术学校王世超担任副主编。由中国汽车维修行业协会著名专家朱军担任主审。本书的编写团队来自青岛市城阳区职业中等专业学校汽修部,该专业部虽然创建时间较短,但凭借专业部内老师的通力合作,用很短的时间在个人基本技能、汽车空调、汽车车身涂装、汽车钣金4个项目中都成绩斐然。其中2010年、2011年、2012年三年在车身涂装项目获得4枚金牌,2017年获得金牌;汽车空调从2013年开始参加国赛,2014年、2015年连续两年获得金牌;汽车维修基本技能项目从2015年开始参加国赛,2015年、2016年连续两年获得金牌,在2016年该项目获得全国冠军;汽车钣金连续五年参加国赛,2017年获得金牌。本书的主审朱军老师多次担任汽车运用与维修(中职组)赛项汽车维修基本技能项目的发动机拆装赛项裁判长。

限于编者的经历和水平,书中难免有不妥或错误之处,敬请广大读者批评指正,提出修改意见和建议,以便再版修订时改正。

编审委员会
2016年9月

任务一 发动机曲柄连杆机构的拆解、检查和组装 ············ 1

    一、任务说明 ·· 1
    二、理论知识 ·· 1
    三、技术标准 ·· 2
    四、所需工具、辅料和设备 ······························ 3
    五、任务实施 ·· 4
    六、任务评价表 ······································· 23

任务二 发动机故障诊断与排除 ····························· 30

    一、任务说明 ··· 30
    二、理论知识 ··· 30
    三、技术标准 ··· 33
    四、所需工具、辅料和设备 ····························· 34
    五、任务实施 ··· 35
    六、任务评价表 ······································· 57

示例 科鲁兹轿车常见传感器及执行器的诊断步骤和波形 ······ 66

任务一 发动机曲柄连杆机构的拆解、检查和组装

一、任务说明

本项工作任务是在30min（不含维修曲轴时间）时间内，对已有雪佛兰发动机（发动机型号：LDE）的曲轴部分（发动机本体无缸盖、活塞连杆、油底壳等）进行拆解、检查（包括外观检查和尺寸测量）和组装工作，并在规定的要求内完成对曲轴的检查并填写检查测量记录，按照雪佛兰科鲁兹维修手册的要求，根据测量结果进行分析作出零件好坏的判断。操作的缸体工件如图所示。

总的作业项目包括：

(1) 曲轴和曲轴主轴承的拆卸、检查、测量、组装。

(2) 测量检查曲轴轴向间隙。

(3) 测量检查曲轴圆度。

(4) 测量检查曲轴主轴承间隙（用塑料线间隙规）。

(5) 填写《发动机曲柄连杆机构的拆解、检查和组装维修记录表》，计算和确定维修方案。

二、理论知识

曲轴的作用是将活塞的往复运动转换成曲轴的旋转运动，把活塞连杆组传来的力矩变为转矩输出，在整个行程中，带动活塞连杆组完成进气、压缩、做功、排气行程的工作。此外还有驱动配气机构和其他装置的作用。

在发动机曲柄连杆机构的维修过程中，依据以严格测得的数据及维修手册确定维修方案，是规范化修理发展的趋势和保证修理质量的前提，而采用标准的方法和专用量具是保证测量精度的前提。对曲轴尺寸的测量，仍然采用传统千分尺等量具的测量，而对曲轴轴瓦间隙的测量，则采用了国际标准的塑料线间隙规测量方法。该方法类似于以前的"铅丝法"，但铅丝法采用了直接测量方式得到油膜间隙，而塑料线间隙规则采用了与标准对比卡方式间接获取油膜间隙。另外，塑料线间隙规采用了溶油性质的材质，不会对发动机机件造成任何损伤。

1. 发动机曲柄连杆机构的拆解、检查和组装工艺的特点

该工艺的最大特点就是对有严格尺寸

要求的零件或者装配关系,必须采用专用量具进行精确测量,与维修标准对比后方能确定,完全是数据说话。在整个操作过程中,需要测量并作出判断的尺寸有:

(1)曲轴轴向间隙。

(2)曲轴圆度。

(3)曲轴主轴承间隙(用塑料线间隙规)。

(4)曲轴轴颈的检测。

其中曲轴轴向间隙的检测方法与传统检测方法相同,圆度的检测取代了原来曲轴弯曲检测,曲轴油膜间隙的检测采用了最新的塑料线间隙规的检测方式。

塑料线间隙规的检测方式为直接检测方式,其将塑料线间隙规放在需要检测的轴颈处,然后按照规定力矩和拧紧方式紧固曲轴轴承盖,通过将压扁的塑料线间隙规的宽度与提供的间隙规卡片相对比,即可读出轴承间隙。

2. 过渡修补工艺的类型

过渡修补工艺根据损伤情况的不同,可分为点过渡、板块内过渡和板块间过渡修补三种。

(1)点过渡修补。主要针对处于车身边角处,面积在 $10cm^2$ 以内的损伤,如保险杠边缘。这类过渡只对损伤的部位及其周围做小范围的修补即可,过渡尽量控制得小一些。在颜色能够充分融合的情况下尽量使过渡区域在冲压线或面积较小的部位作为过渡的终止位置,这样可以避免在颜色和涂膜纹理等方面出现明显的变化。

(2)板块内过渡修补。主要针对位于车身板块中间区域损伤的修复,如前后车门、翼子板中间部位。板块内过渡即指对整板进行修补喷涂,过渡区域应该控制在本板件范围之内,以板件边缘作为过渡终止位置,这种操作可最大限度地隐藏修补痕迹。

(3)板块间过渡修补。采用板块间过渡修补方法进行修补的损伤往往处于两板或两板以上的接缝处。为防止在车身接缝处产生明显的颜色差异,通常要将过渡区域扩大到相邻的板件以求得颜色的统一。在这种情况下,过渡终止的位置首先需要考虑的因素并不是颜色的一致性,而是在什么部位终止才能最大限度地隐藏过渡,不留下修补痕迹。

整板的面积越大,颜色过渡的空间也越大,效果越好,但如果在较大的平面上做过渡,会影响整个平面的整体流平效果,过渡区域毕竟是用雾喷的方法来完成的,流平效果要差一些,所以诸如发动机舱盖、车顶等板块不适宜采用"过渡修补工艺"进行修补。

3. 过渡修补工艺的优势

(1)采用过渡喷涂可减小色差,提高颜色的吻合度,从而减小因色差造成的返工风险。

(2)因为过渡喷涂的修补面积相对较小,可减小打磨的范围,缩短打磨的时间,降低操作人员的劳动强度。

(3)过渡修补时常常采用一些快干型涂料,从而提高维修效率,能够缩短修补的时间。

三、技术标准

1. 作业要求

(1)轴向间隙处理。如实际测量值超过或低于标准值,则采取更换瓦片的方法,使其轴向间隙达到标准值。

(2)圆度处理。如实际测量值超过或低于标准值,并且轴颈其他方面(比如外观、直径等)正常,则根据维修手册确定是更换曲轴及瓦片还是维修曲轴,并根据维修后的曲轴更换轴瓦。

(3)曲轴外观处理。如曲轴由于润滑不正常造成的工作面的磨损、腐蚀、裂纹、表面擦伤等。

(4)曲轴轴承间隙处理。如轴承间隙符合维修手册标准,后面步骤直接跳过,视为正常;如轴承间隙不符合标准,应测量曲轴轴颈直径,然后根据其标准值判断是否更换或维修曲轴。

2.考核要点

(1)个人防护用品穿戴规范,安全操作。
(2)维修手册的使用。
(3)工具、测量仪器和零件的摆放。
(4)工具、测量仪器的使用和读取测量数值的准确性。
(5)工单的填写。
(6)整个流程操作的规范性。
(7)测量仪器使用完后的归位(不是分解)及清洁。
(8)操作完毕后,工位清洁,工具设备复位(即分解归位)及清洁。

四、所需工具、辅料和设备

120件工具箱

角度仪

指针式扭力扳手

转接头

预置式扭力扳手

铲刀

塑料间隙规

气枪

螺丝刀盒(6件套)

橡胶锤

铜棒

绝缘胶带

百分表及表座

千分尺校正仪

千分尺

油壶

抹布

除油布

化油器清洗剂

五、任务实施

第一步 实施前准备工作

1 清点工具台上摆放的工具（百分表、千分尺、油壶、除油布、抹布等）。

2 清洁桌面及飞轮。

3 检查翻转架锁止情况。

4 检查发动机缸体安装是否牢靠。

5 清洁油盆。

6 检查工具车锁止状况。

7 检查工具车工具（指针式扭力扳手、转接头、铜棒、绝缘胶带、橡胶锤等）。

8 摆放工具车里的工具。

9 记录发动机号。

任务一 发动机曲柄连杆机构的拆解、检查和组装

2 组装百分表。

操作提示

可将维修手册及工单提前打开,节省时间。

10 旋转发动机旋转架至水平位置。

3 组装好后检查百分表是否安装正确无误。

操作提示

旋转发动机至水平位置后旋转曲轴1~2周检查曲轴是否转动灵活,并查看一遍瓦盖(看看瓦盖是否按照规定1~5按顺序安装)。

经验总结

若在检查工具时发现缺少工具,及时与相关工作人员沟通协商,确定是否需要添加工具还是继续操作。

第二步 轴向间隙的测量

1 用抹布擦拭百分表座及百分表。

4 安装百分表。

操作提示

装百分表座前先看维修手册,确定要求的测量部位,然后清洁缸体(即百分表安装部分);要保证标杆和曲轴轴线在同一平面内并且平行于曲轴轴线,百分表预压量在1~2之间。

5 释放应力。

6 百分表归零。

7 测量曲轴轴向间隙。

操作提示

撬动力不宜过大,适中即可(不让螺丝刀过度弯曲)。

8 计数。

操作提示

计数保留小数点后三位,并将结果判断及处理填写上。

9 百分表归位并清洁。

经验总结

轴向间隙可在组装时把表杆与百分表座杆平行,这样在安装百分表时直接平推表杆即可。

第三步　清洁螺栓头

操作提示

一个瓦盖两个螺栓头分一次吹,一共5个瓦盖吹5次。

任务一　发动机曲柄连杆机构的拆解、检查和组装

第四步　松螺栓

操作提示

在实际维修中，由于油泥的脏会导致螺栓拆卸力矩远远大于拧紧力矩，如果不加以注意，会导致螺柱断裂在缸体内。所以第一遍用指针式扭力扳手拆卸时需看指针显示的力矩大小（但不需要记录），第二遍则不需要看。

1 用指针式扭力扳手松前两遍。

2 用加长杆加套筒松第三遍。

第五步　拆瓦盖

操作提示

要按照从外往里的顺序拆卸瓦盖，并将瓦盖以一字的形式摆放在操作台上；拆瓦盖要将螺栓升出瓦盖2/3，方便拆卸；除了拆第三道瓦盖是采用将一根螺栓升出，然后朝向自己方向拔出的方式，其余瓦盖全是将2个螺栓各自升出，然后左右晃动的方式拆卸。

1 铜棒敲击瓦盖。

2 外围瓦盖拆卸。

3 第三道瓦盖拆卸。

4 工作台瓦盖摆放。

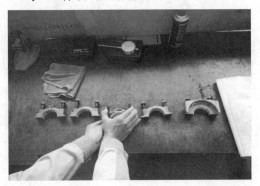

4 测量圆度。

操作提示

安装好百分表座后，旋转曲轴一周，查看百分表表头有无卡滞，然后释放应力，百分表归零，开始测量（旋转曲轴1~2周），要求缓慢匀速转动曲轴。

第六步 圆度测量

1 清洁第三道轴颈。

5 记录工单。

2 查看维修手册。

查阅维修手册中要求的规定测量位置及注意事项。

3 安装百分表座。

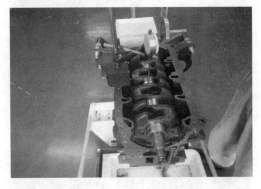

操作提示

查阅维修手册，根据手册中的标准值和被测值进行比较，填写结果判断及处理意见。

6 百分表分解归位。

操作提示

安装百分表座前需清洁缸体（即百分表安装部分）。

7 清洁百分表座及百分表。

第七步 小清洁

1 抬曲轴。

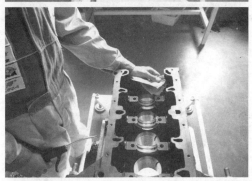

操作提示

抬曲轴时不能与缸体发生碰撞。

2 清洁。

(1)清洁缸体。

操作提示

先用气枪吹螺孔后用气枪吹瓦片,然后用吸油纸擦拭(擦气枪吹出的油及污物)。

(2)清洁曲轴轴颈。

操作提示

一只手用气枪吹,另一只手用吸油纸遮挡(不是连续吹,而是有序地一道轴颈一道轴颈的吹),然后曲轴转动180°再次重复一遍。

(3)清洁曲轴瓦盖。

操作提示

清洁瓦盖不是真的清洁瓦盖而是清洁瓦盖上的瓦片,单手捏住两个螺栓拿起瓦盖,用吸油纸擦拭瓦片及螺栓导向座面上的油及污物;清洁完毕后将曲轴放回缸体。

第八步　轴承间隙的测量

1 清洁被测轴颈。

操作提示

只需清洁间隙规放置的地方即可。

2 切割间隙规。

操作提示

间隙规长度需和轴颈(轴颈工作面,除去退刀槽的宽度)同样长短,间隙规的摆放需和轴线一致;切割间隙规前需查看维修手册。

经验总结

可用某个工具作为量尺来比划轴颈长度,然后用指甲做标记,这样切割出来的间隙规长度就和轴颈一致了。

3 安放瓦盖,压制间隙规。

任务一　发动机曲柄连杆机构的拆解、检查和组装

操作提示

瓦盖安装需要从外往内的顺序安装，并且要注意不要把放在轴颈上的间隙规碰倒，每个瓦盖在拿的过程中需要查看瓦盖上的标号，不能拿错拿反；每个瓦盖放上需要将螺栓拧两圈，这样后面铜棒敲击瓦盖时就会按照螺栓走向下去，不会因为单纯的敲击而使瓦盖偏斜而影响测量精度；敲击瓦盖要轻敲，只需将瓦盖固定即可，如果敲击力度过大（瓦盖敲到底就是力度过大，要留点空隙）会让间隙规提前变形过度影响测量精度。

4　紧固螺栓。

（1）用加长杆及套筒拧紧第一遍。

（2）用指针式扭力扳手拧紧第二遍。

操作提示

在打扭力之前，需查看维修手册标准力矩（因为根据大赛要求比赛要求力矩与维修手册的标准力矩有所偏差，实际力矩为扭力扳手30N·m，角度仪30°和15°），后面角度仪则不需要看。

（3）用角度仪紧固第三遍和第四遍。

5　拆卸螺栓。

操作提示

用指针式扭力扳手不需要查看指针显

示的扭力。

（1）用指针式扭力扳手拆卸前两遍。

（2）用加长杆及套筒拆卸第三遍。

6 拆卸瓦盖。

操作提示

这次拆卸瓦盖要求和上次相同，但摆放位置则如图所示摆好（此时可暂时放到油盆中，并且后期还要拆卸瓦片，这样拆下来的瓦片放到油盆中一起端到工作台上，也是为了方便）。

7 测量间隙规。

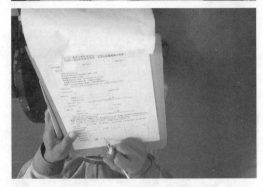

操作提示

为保证测量数据记录的准确性，应读一个记录一个，不应全部测量完然后记录；记录完后根据标准值进行判断结果正常与否，

任务一 发动机曲柄连杆机构的拆解、检查和组装

如正常则后面相应的曲轴轴颈不用测量,如不正常则需要测量曲轴轴颈。

经验总结

可以如图一样一手拿工单,一手测量,然后把测量尺放到拿工单的那只手里,另一只手记录;也可以把工单放到旋转架上的平面上,然后去测量、记录;记录完毕将间隙规测量尺放到工具车上,工单放到操作台上,然后对照维修手册判断实际测量值,将判断结果写在结果判断及处理上(如果合格就写正常,不合格写不正常)。

8 清洁间隙规。

操作提示

将化油器清洗剂喷到抹布上擦轴颈上的间隙规,不能用指甲扣,会损伤轴颈,抹布擦完后顺便将桌面及飞轮上的残留间隙规放到垃圾桶中,然后用气枪辅助吹一遍(吹法和吹轴颈一样)。

第九步 检查轴颈外观并记录

操作提示

轴颈外观不仅要检查5道轴颈,还有第三道轴颈的止推面、曲轴的前后端都要检查;检查完后记录工单。

(2)千分尺校正。

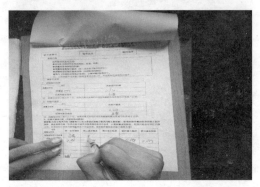

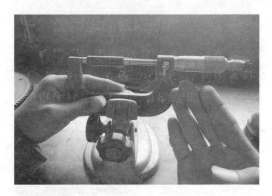

第十步 测量曲轴直径

1 清洁曲轴。

操作提示

如千分尺校正不正常应及时报告裁判。

3 测量曲轴直径。

操作提示

测量前查看维修手册;测量的第一遍轴颈填写在轴颈Ⅰ上,第二遍写在轴颈Ⅱ上,曲轴轴颈是第一遍加第二遍和的平均值。

(1)测量轴颈第一遍。

操作提示

用吸油纸擦一遍即可(方法:将吸油纸对着两次包裹一道轴颈然后转动擦拭)。

2 千分尺校正。

(1)清洁千分尺校正仪、千分尺、千分尺校正尺。

(2)记录工单。

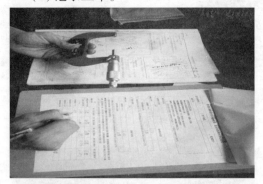

(3)转动曲轴90°。

(4)测量垂直位置的曲轴轴颈。

(5)记录工单。

操作提示

根据曲轴轴承间隙是否合格确定所需测量的曲轴轴径,如只有一道轴颈不合格即测量一道轴颈。

4 千分尺等归位归零。

5 完善工单。

操作提示

将曲轴轴颈的平均值求出并记录在判断结果及处理上,将第一页工单的检测结果/故障原因、项目名称/维修措施填写完整。

汽车维修基本技能指南

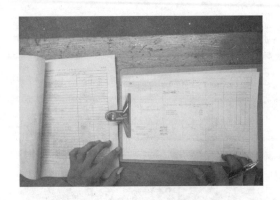

第十一步 大清洁

1 拆上瓦片,并将上瓦片放到油盆中。

2 将油盆放到工作台上并拿出上瓦片。

操作提示

将瓦片按顺序摆在工作台上。

3 清洁瓦盖。

操作提示

将化油器清洗剂喷到抹布上清洁瓦盖,并按顺序摆好瓦盖。

4 将螺栓、下瓦片与瓦盖分离。

任务一　发动机曲柄连杆机构的拆解、检查和组装

5　清洁瓦片及瓦盖。

操作提示

清洁时不要乱了顺序，不需要清洁螺栓。

6　检查瓦片、瓦盖及螺栓。

操作提示

瓦片检查工作面、背面、油道、凸缘，瓦盖检查凹槽、工作面、螺栓导向座面，螺栓检查螺纹、螺栓头，如有损坏报告裁判并记录工单。

7　清洁缸体。

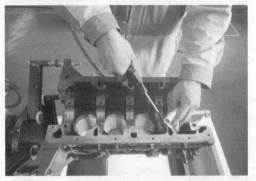

操作提示

在清洁前先检查缸体上瓦片凸缘的凹槽，检查完后，用气枪吹螺栓孔、油道（吹油

道时用吸油纸堵住油道口,别让他喷油)、瓦片槽。

8 清洁曲轴。

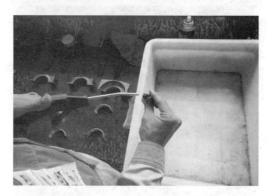

操作提示

先吹轴颈再吹油道,也就是说吹5道轴颈,转180°再吹一遍5道轴颈,然后吹油道,转180°再吹一遍油道。

9 清洁瓦片、瓦盖、螺栓。

操作提示

吹清洁的时候要将瓦片的工作面及背面均清洁一遍,也就是说1个瓦片需要清洁2个位置(第三道瓦片因为有推力面的原因,所以清洁位置有4个)。

第十二步 总 装

1 组装瓦盖。

2 安装上瓦片。

任务一　发动机曲柄连杆机构的拆解、检查和组装

盆横至于翻转架上，防止机油滴到地上。

4 安放曲轴。

3 涂油。

5 曲轴轴颈润滑。

6 放瓦盖。

操作提示

将油壶放到油盆里端到翻转架上，将油

7 用铜棒轻轻敲击瓦盖。

8 预紧螺栓。

（1）用加长杆及套筒预紧第一遍。

（2）用指针式扭力扳手紧固第二遍。

操作提示

为检查轴瓦是否卡滞，在每次紧固扭力与紧固角度都需要转曲轴（即每紧固一个瓦盖的螺栓均需转动一次曲轴，如果发现曲轴的转动卡滞，则及时查找原因）。

（3）用角度仪紧固第三遍和第四遍。

第十三步　整理工位

操作提示

工具回收完毕后，各个位置应保证归位

任务一 发动机曲柄连杆机构的拆解、检查和组装

及符合比赛要求。

1 旋转发动机旋转架至初始位置。

（1）确认曲轴转动灵活。

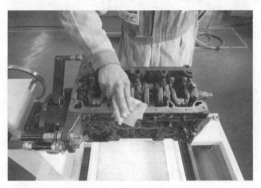

操作提示

确认曲轴转动灵活后,用吸油纸清洁缸体下表面,然后转动旋转架,在转动的过程中清洁角度仪磁铁吸过的部位,转过来之后先确认发动机是否转平,然后清洁缸体上表面,接着清洁油盆,摆正至规定位置。

操作提示

在紧固完最后一个螺栓转完曲轴之后,应将工具放置工具车上,然后双手转动曲轴,使曲轴能完整旋转 1~2 周,确认发动机转动灵活无卡滞。

（2）转动翻转架清洁缸体。

2 回收气枪。

（1）将气枪与气管分离放置工具车上。

（2）回收气管。

> **操作提示**
>
> 一只手握住气管头,另一只手用抹布握住气管,以便清洁空气管路。

(3) 回收气枪。

> **操作提示**
>
> 用抹布清洁气枪。

3 回收工具车上所有工具。

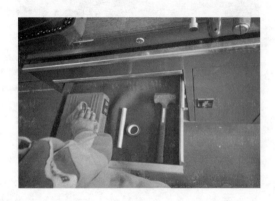

> **操作提示**
>
> 用抹布清洁所有工具,包括工具盒、工具车桌面、工具车抽屉表面(工具车扶手不用清洁,因为没用过)。

4 清洁操作台。

> **操作提示**
>
> 将操作台所有工具摆放至初始位置,并清洁(清洁过的就不用了,比如百分表、千分尺等);用抹布把桌面的污物、残留清理干净至垃圾桶,包括飞轮表面。

5 将抹布、吸油纸回收至垃圾桶。　　**6** 清洁工位。

六、任务评价表

任务评价表完成时间_____

序号	考核内容		配分	评分标准		扣分
1	记录发动机号码	记录正确	1	记录发动机号码,包括*号	此项未做扣1分	
2	工具准备;确认台架安装牢固	确认安全;准备工具、清洁工具、工具车、工作台、检查零件	3	用抹布清洁工具车、工作台,发动机台架。准备工具,确认新零件。用手晃动发动机,检查发动机台架固定牢固	未清洁扣1分;未检查锁止和安装牢固扣1分;未确认零件扣1分	
3	调整曲轴箱朝上	转动手柄,将缸体摇到下平面朝正上方	1	下平面朝正上方	调整不平扣0.5分	
4	曲轴转动灵活性检查	旋转发动机曲轴一圈以上,检查曲轴转动灵活,无卡滞	1	如果带有曲轴皮带轮螺栓时,可使用指针式扭力扳手,选择合适套筒,转动曲轴	选择工具错误扣0.5分;此项未做不得分	
5	曲轴轴向间隙测量	1.安装百分表				
		(1)组装百分表到支架	2	清洁百分表表头、表杆、测量头;轻轻提起表杆,检验灵敏度	未清洁扣1分;碰触测量杆触头检验灵敏度扣1分	
		(2)清洁曲轴前端面	1	用气枪或吸油纸均可	未清洁扣0.5分	

续上表

序号	考核内容		配分	评分标准		扣分
5	曲轴轴向间隙测量	（3）将百分表吸盘靠近曲轴前端放置并进行调整	2	注意百分表测量杆要平行于曲轴旋转轴线，预压1~2mm	不平行扣1分；预压量不在范围扣1分	
		2.测量曲轴的轴向间隙				
		（1）一字螺丝刀缠胶带保护，纵向移动曲轴	2	在第三道主轴颈处，前后撬动曲轴（20N·m力矩）	未保护扣0.5；撬动位置不对扣0.5分	
		（2）观察。允许的曲轴轴向间隙：0.100~0.202mm（0.0039~0.0080in）记录	1	观察百分表的摆动量，并予以记录	记录不准确扣0.5分	
		3.拆下量表；查阅资料，判断	2	拆下百分表时，需先松开测量杆并退出一定距离，然后拆下百分表吸盘，清洁并暂时放置到工作台	直接一次性取下百分表扣1分；未查资料扣1分	
6	准备拆装工具	抹布、毛刷、小一字螺丝刀、扭矩角度仪、橡胶锤、铜棒、指针式扭力扳手、12号套筒及大转中转接头等	3	组装指针式扭力扳手后，必要时将工具车和零件车推到合适位置	工具量具摆放凌乱扣1分	
7	调整曲轴位置	转动曲轴使曲柄处于平位	1		未做扣1分	
8	识别、核对曲轴主轴承盖	检查并核对主轴承盖标记	2	如果没有则作出标记	未确认标记扣1分	
9	清洁主轴承瓦盖	吹清瓦盖、螺栓和曲轴箱内壁	2	按顺序吹清	清洁漏项扣1分	
10	拆1~5道主轴承盖	用套筒及指针式扭力扳手，分两次拧松螺栓，第三次可用快速扳手转动螺栓	6	观察螺栓第一次松开时的力矩	直接用快速扳手拆卸扣3分；未分2~3次松开不得分	

任务一　发动机曲柄连杆机构的拆解、检查和组装

续上表

序号	考核内容		配分	评分标准		扣分
11	取出主轴承瓦盖、曲轴	用橡胶锤或铜棒振松瓦盖，用右手握住两个螺栓向上拉出3~4cm，然后再用手晃动螺栓，以松动主轴承瓦盖	5	螺栓、轴承盖含轴瓦按顺序摆放整齐	零件摆放凌乱扣0.5分；未用铜棒振动瓦盖扣0.5分；未手晃动拆卸扣1分；因为太紧，用一字螺丝刀撬扣1分；曲轴横放扣1分；轴承盖、轴瓦立在工作台上扣1分	
				曲轴放置到飞轮上；轴承盖轴瓦不得立在工作台上（工作台有橡胶防护除外）	可以用铜棒辅助拆下第三道主轴承盖	
12	将曲轴放入发动机汽缸体承孔中	气枪清洁曲轴轴颈及油孔	1	气枪使用时要有遮挡	未遮挡扣0.5分	
		平稳放入发动机汽缸体中	1	注意要轻拿轻放，对准轴承座放入曲轴	曲轴碰到缸体不得分	
13	曲轴圆度检查	安装百分量表		注意百分表的清洁		
		(1)清洁组装好的百分表	1	抹布清洁	未清洁扣0.5分	
		(2)将百分表吸盘紧靠曲轴轴颈放置并进行调整	2	注意百分表测量杆要垂直于曲轴主轴颈，预压1~2mm	垂直不准确扣1分；预压量不在范围扣1分	
		(3)平稳地转动曲轴。百分表调零，然后再次旋转曲轴一圈，检查百分表的最大偏摆量，并记录	3	转动曲轴时应缓慢平稳	转动不足一圈扣1分；未调零扣1分	
		(4)记录曲轴的圆度；查阅资料并判断	1	最大允许的圆度0.03mm(0.0011in)	未查资料扣1分	

续上表

序号	考核内容		配分	评分标准		扣分
14	清洁零件	拆下曲轴及下轴瓦盖瓦；清洁全部下轴瓦及螺栓	3	用气枪或吸油纸，清洁缸体上轴承座、下轴承座、曲轴轴瓦、螺栓孔、油孔、曲轴、曲轴螺栓并目视检查各部件的状况	清洁漏项每个项目扣1分，扣完为止	
		清洁布置塑料间隙规的轴颈表面	1	用吸油纸擦净（曲轴在飞轮上清洁也可）	带油的抹布擦拭扣0.5分	
15	布置塑料线间隙规	查阅资料 (1)截取塑料间隙规 (2)将塑料线间隙规（挠性塑料线）沿曲轴轴颈轴线方向布置在曲轴被测轴颈上	5	用铲刀截取间隙规并纵向布满曲轴轴颈的整个宽度方向测量记录表中已标注数据的曲轴承间隙无需测量	未查资料扣1分； 徒手截取塑料间隙规扣1分； 涂抹机油扣2分； 未布满轴颈扣2分	
16	安装曲轴轴承盖	安装曲轴轴承盖	2	安装轴承盖时，注意装配标记、方向	错位和错方向16大项不得分	
		安装曲轴轴承盖螺栓，需用手轻轻拧入	1	旧螺栓可重复用于检查。先用手拧进螺栓	直接用工具扣0.5分	
		用铜棒轻轻敲击，使瓦盖到位	1	铜棒敲击、目视并确认瓦盖到位	未用铜棒扣0.5分	
17	紧固轴承盖	分三遍拧紧2个曲轴轴承盖螺栓		使用预置式扭力扳手表按照由中间到两边的顺序紧固5个曲轴轴承盖螺栓	标准紧固力矩：大赛规定30N·m。力矩和紧固角度不准确各扣1分	
		第一遍紧固至30N·m规定力矩	2			
		第二遍紧固至30°	2			
		第三遍紧固至15°	2			
18	拆下曲轴轴承盖	使用指针式扭力扳手交替拆下2个曲轴轴承盖螺栓		注意不要转动曲轴	未交替拧松螺栓扣1分； 转动曲轴18项不得分	
		分三次拧松并拆下主轴承盖、轴瓦	2			
		取下主轴承盖	2			
		取下曲轴并放置到飞轮上	1		横放曲轴扣1分	

任务一 发动机曲柄连杆机构的拆解、检查和组装

续上表

序号	考核内容		配分	评分标准		扣分
19	测量曲轴主轴承间隙	将变平的塑料线的宽度与量尺对比	1	将测量值填入作业记录表	未查资料扣1分	
		记录；允许的曲轴轴承间隙：0.005~0.059mm (0.0002~0.0023in)	2	由于比赛对主轴承盖螺栓的规定力矩是30N·m+30°+15°，比标准力矩偏低，所以可能会影响曲轴主轴承间隙的实际测量尺寸，因此统一调整为：0.005~0.063mm	在读取数值时，不要混淆量尺上的毫米和英寸，错位扣2分	
		比较标称值与实际值。允许的曲轴轴承间隙：0.005~0.059mm(0.0002~0.0023in)	2	如果曲轴主轴承间隙测量结果符合标准，无须测量曲轴的轴颈，结果判断及处理栏内填正常；如果曲轴主轴承间隙测量结果不符合标准，需测量曲轴轴颈并根据测量结果提出维修方案	未查资料扣1分	
20	测量曲轴主轴颈	再次清洁轴颈	1	用化清剂清洁轴颈上的间隙规痕迹	未清洁扣1分，清洁不彻底扣0.5分	
		千分尺清洁校零	2	清洁千分尺、用校正杆校零，校零前需清洁千分尺两测量面及标准校正杆两端面	未清洁扣0.5分；未校零扣0.5分	
		根据作业记录表，测量轴颈	3	曲轴轴颈仅需测量任选一个避开油孔截面的两个位置Ⅰ和Ⅱ（相差180°）即在两点测量轴径	未避开油孔测量扣1分；未按照规定轴颈测量本项不得分	

续上表

序号	考核内容		配分	评分标准		扣分
20	测量曲轴主轴颈	计算平均曲轴轴颈直径	1	计算平均直径和圆度,公式:(Ⅰ+Ⅱ)/2	少测一点扣1分	
		查阅资料;判断修理尺寸、记录	2	记录,填作业表。并根据轴承间隙,轴颈尺寸,判断是曲轴,还是轴瓦故障(曲轴主轴承间隙的实际测量尺寸,大赛统一调整为:0.005~0.063mm)	未查资料扣1分;测量的轴颈与工单不符记录不得分	
21	清洁曲轴主轴颈、轴承盖及螺栓	用化清剂清洁轴瓦上的间隙规痕迹;气枪清洁曲轴、轴承盖、螺栓、缸体和曲轴箱上的表面及主轴承螺栓孔	2	用毛刷或抹布清洁缸体及其曲轴、轴承盖、轴瓦	未用化清剂扣0.5分;未逐一清理主轴承螺栓孔扣1分	
				注意吹清曲轴上油孔、螺栓孔		
22	轴承及轴颈涂抹机油	用手在轴瓦内表面涂抹少许机油	2	注意轴瓦的安装方向,轴瓦要确保安装到位,轴瓦背面及轴承盖内表面不得涂抹机油	瓦背涂油扣1分;未确认安装到位扣1分	
23	安装曲轴轴承盖及螺栓	安装轴承盖;安装轴承盖螺栓	2	注意轴盖位置、方向不得错误;螺栓需用手轻轻拧入;用塑料锤、铜棒,敲击轴承盖,使其安装到位	错位和错方向本项不得分;直接用工具拧螺栓扣1分;未使用新的螺栓;未敲击到位并确认扣1分	
24	拧紧轴承螺栓	拧紧曲轴轴承盖的螺栓,分三遍拧紧曲轴轴承盖螺栓:		紧固每道轴瓦螺栓后,应用手转动曲轴,检查曲轴转动灵活、无卡滞(一共15次)	标准紧固力矩:大赛规定30N·m。力矩和紧固角度不准确各扣1分;未每道瓦紧固力矩后转动曲轴每漏一次扣0.5分	
		(1)第一遍紧固至30N·m规定力矩	2			
		(2)第二遍紧固至30°	2			
		(3)第三遍紧固至15°	2			

任务一 发动机曲柄连杆机构的拆解、检查和组装

续上表

序号	考核内容		配分	评分标准		扣分
25	转动曲轴360°	转动曲轴360°,检查曲轴运转平稳,无卡滞现象	1	用双手旋动曲轴一圈以上	未做扣1分;转动不足一圈扣0.5分	
26	调整缸体上平面朝上	转动台架手柄,调整汽缸体上平面朝上	1		未做扣1分	
27	安装恢复	整理、收拾工具,恢复作业场地	2	清除表面污垢,清扫场地,收拾工具等	缺项扣1分(按照大类分)	
合计						

注:此任务评价表仅作为任务实施自查评价参考用,非比赛评分技术文件。

任务二　发动机故障诊断与排除

一、任务说明

本项工作任务是在45min（不含恢复故障时间）时间内，对已知车辆（雪佛兰科鲁兹）的全车电路系统（发动机控制系统、车身控制系统、ABS）人工制作的故障区域进行检修处理作业，并在规定的范围内（按照维修手册的步骤）完成车辆故障的检修且将测量步骤记录工单。

二、理论知识

车辆故障诊断包括发动机控制系统（电子燃油控制喷射系统、起动系统）诊断和车身系统（车身网络系统、ABS、灯光系统）。这两大部分是每个车辆必不可少的系统，也是日常维修量比较多的系统。电路系统的故障诊断，历来是各个维修企业比较头疼的问题，一是受制于维修人员的专业素质不高，对电控系统理解不全面导致的；二是受制于对规范的诊断策略的理解和规范诊断方法的应用；三是对维修技术资料的识读和应用。由于上述问题，在实际电路故障诊断中，经常导致盲目换件造成的维修纠纷和维修效率低下，对维修企业的经营和声誉造成严重影响。本书将基于通用的诊断策略，对近几年国赛经典案例进行解读。

1. 通用诊断策略解读

通用诊断策略是基于生产过程的流程汇总，按照这个流程，可以综合利用各种信息协助维修人员快速、准确地确认车辆是否存在故障、车辆故障部位，提高维修满意度，减少客户抱怨。整个诊断流程分为接车、判断、预检、诊断检查、查阅维修资料、测量、确定故障原因、维修、复检九个部分，整个比赛流程也是按照此流程来进行设计及考核。

（1）接车——安放车辆防护用品、记录车辆信息（车牌号、车辆VIN、车辆型号）、车辆基本情况（机油、冷却液、蓄电池等），交接车辆故障（工单中的故障描述）。

（2）判断——判断所描述的是否为车辆故障。如车辆行驶过程中中央出风口出热风，为温度调节旋钮设置为热风且设置外循环模式；车辆后门无法从内部打开，可能为儿童锁作用；车辆开启除霜模式压缩机会直接运行，可能为车辆设计原因等。此类问题可能为客户使用方式不当导致，不为车辆故障。在确认车辆状况为故障情况下，再进行下一步预检。

（3）预检——根据故障描述，测试车辆相关性能是否正常，并进而找出故障描述所没有包含的故障信息，以帮助故障诊断过程中寻找思路。比如故障描述中可能会只有"发动抖动"描述，此时我们应该观察发动机故障指示灯是否点亮、排放指示灯是否常亮等信息。此步骤对应比赛流程中的故障现象确认。

（4）诊断检查——根据预检信息，维修人员需要读取控制系统的故障码、发动机基本数据、相关动态数据、冻结数据帧等关键信息，以便为故障诊断寻找方向性的指导。

注：此时还应该特别检查相关部件安装是否正常、插接器是否插接到位等基本检查。

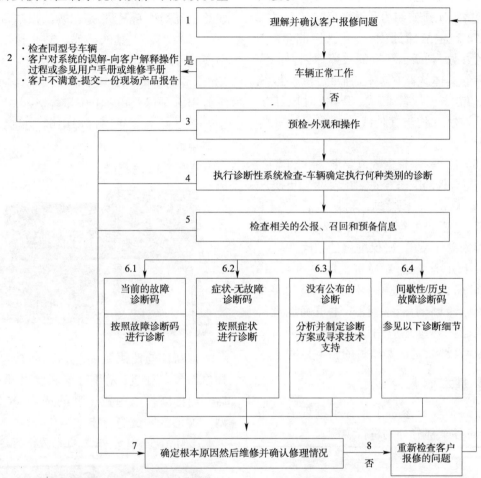

（5）查阅维修资料——根据故障码或相关关键数据，查阅维修公报、维修资料等信息。针对每个车型的常见故障和特殊故障，其厂家对于其常见故障通常会定期公布维修公报。定期查阅维修公报，会极大地提高维修效率并降低维修成本。如果维修公报中没有，那就要查阅维修手册中的故障码诊断说明、故障诊断信息、故障诊断仪的典型数据、电路/系统说明、故障码运行条件、设置故障码的条件、设置故障码时采取的操作、诊断帮助——电路图、电路/系统的检验、电路/系统的测试（电路测试正确及必要的步骤）、部件测试（测试的方法、技术参数等）等诊断信息，以便为后续诊断过程做好基本知识的铺垫，为后续制定维修方案做好准备。这一步非常重要，它直接关系到能否顺利、正确地找到故障并排除故障。

（6）测量——根据查阅资料获取的信息制定好诊断方案后进行实际测量（电压、电阻、波形等），测量过程中要注意所测量的参数、参数的判断、参数所代表的含义及维修手册中特别提及的诊断方法。根据测量所得的参数与维修资料中的标注值进行比较，即可判断出车辆电路的故障原因及故障部位，真正做到了"全面检测、一次排除"的维修效果，有效地降低了维修纠纷和返修率。

（7）确定故障原因——根据"测量"中获取的参数，判断出车辆的故障原因，如：线路故障的具体线路（具体到插接件编号、线路针脚编号）、故障形式（开路、对电压短路、对搭铁短路、与其他线路短路等）；元件故障形式等。

（8）维修——根据规范要求，针对车辆的故障制定合理的维修方式（维修、调整、更换）。

（9）复检——维修后，再次查看车辆工作状况、是否仍然存在故障码、故障相关数据是否恢复正常等，确保维修的正确性。

以上九个步骤，对应着工单中的1~12个操作项目。可以说整个作业表，就是整个通用诊断策略的解说。让学生正确地理解诊断策略并熟练地应用诊断策略去进行故障诊断与排除，是比赛项目的根本目的。

2. 基本要点

下表是整个诊断作业各个过程的赋分值，针对各个部分分别进行说明。

项目	分值比例（%）	评分标准
工艺作业流程	55	熟练地查阅维修资料，根据手册提供的诊断策略进行维修；工艺步骤合理，方法正确
设备、工具操作	20	正确使用仪器设备和工量具
维修工单和记录表填写	15	按要求填写，记录值准确，维修方案合理
安全和5S规范	10	符合安全操作规程；场地整洁，物品摆放有序

（1）工艺作业流程。该项目分值占实操总分的55%，其中工艺作业流程所占比值为55%，这一部分主要考察的就是对诊断策略的理解和运用。培养维修人员应用正确的诊断策略去进行科学、规范的诊断，建立正确的诊断思路，是比赛的根本目的。

（2）设备、工具的操作。整个诊断过程中所用的设备主要有KT600故障诊断仪（带示波器功能）、MMD540H汽车多功能数字万用表、试灯、BOSH208测试线。下面分别对各个设备在使用过程中的注意事项做一下说明。

①KT600诊断仪。

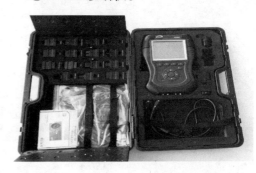

诊断仪的使用主要包括诊断接口的选择（GM22）、开机（先开启车辆点火开关，然后开启诊断仪电源）、车型的选取（年份、车型）、波形的测试等功能。

②MMD540H汽车多功能数字万用表。

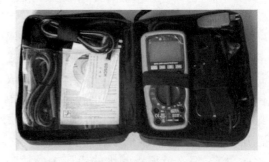

万用表的使用主要包括功能的选择、挡位的选择、表笔的连接及仪器的保护方面。万用表的使用，需注意以下几个方面。

a. 万用表使用之前必须表笔对零校表。

校表的目的主要是检查万用表的连接是否可靠、测量数据的准确性及万用表本身是否正常。常见校表为欧姆挡校表，即万用表选择"Ω"挡，将红、黑表笔对接，观察电阻值。在测量小阻值的元件前（如压缩机电磁离合器、喷油器、炭罐电磁阀、喷油器等）必须校表读取万用表的误差，在测量值之后，应减去万用表误差方为被测元件实际值。测量电压前，应该用蓄电池电压检查万用表本身是否正常。测量电流前，可将试灯串联至万用表，以检测万用表电流挡是否正常。

b. 万用表用完后，应及时将挡位选择旋钮旋转至关闭位置，以免电池过快消耗。

c. 万用表使用过程中，应注意表笔电缆不能打结，以防止损坏内部导线。

d. 拔插万用表表笔时，应握住插头的塑料部分，不能直接拉扯电缆。

操作提示

每次使用万用表前最好校表，以防止内部导线在使用过程中断裂造成误诊、误判。

③试灯。常见试灯有两种，一种是LED试灯，内部发光元件为两个反向并联的LED灯珠，其常用于检测电控单元输出信号，其功率较低可以保护电控单元由于过大电流而损坏。还有一种是带载试灯，其内部发光元件为普通灯泡，所通过的电流较大，可通过其是否点亮或点亮的程度来判断电源供给或电路的带载能力，常用于检查电源或搭铁，这种试灯绝对不能用于检测电控单元信号，应根据所用场合予以区分。

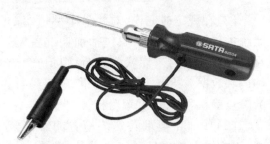

④BOSH208测试线。208接线盒有多种型号的探针、接头以及接线，宽窄厚薄不一的片状、圆形接头或探针以及凸凹配对的连接器，可以满足各型汽车接插头引线的需求，而且可以很好地配合万用表以及示波器等测量工具使用。

针对教育部大赛的车型增加了传感器、执行器的鳄鱼夹对接线及配合KT600示波器使用的示波器套线。正确地使用208接线盒，可以节省人力和时间，避免由于频繁检测对汽车电气线路的损坏或者将损害减到最小。

该测试线使用的主要注意事项是：选取适合所测插接器尺寸的诊断线，选用过大型号的诊断线容易导致插接器内部金属变形；过小型号的诊断线容易导致测量过程中接触不良而导致误判。

三、技术标准

1. 作业要求

（1）作业时间为45min（2017年新规程为40min）。

汽车维修基本技能指南

（2）在规定时间内，对要求车型指定的系统进行故障诊断，步骤包括前期准备、安全检查、仪器连接、症状确认、目视检查、故障码和数据流检查、元器件测量、电路测量、故障点确认和排除，并填写相关记录等。

（3）作业中要求较熟练地查阅维修资料、正确使用工量具和仪器设备、准确测量技术参数和判断故障点、正确记录作业过程和测试数据、安全文明作业。

2. 考核要点

（1）安全防护规范，安全操作。
（2）仪器、维修手册的使用。
（3）诊断思路的规范性。
（4）诊断测量的规范性。
（5）车辆各零部件的拆装。

四、所需工具、辅料和设备

抹布

车轮挡块

举升垫块

翼子板布及前格栅布

车辆防护三件套

手电筒

工具箱150件套

208接线盒

万用表

熔断丝跨接线

金德KT600解码仪

零件车

试灯

螺丝刀

工具车

尾气抽气系统

内饰撬板

扳手套装

任务二　发动机故障诊断与排除

尖嘴钳

鲤鱼钳

斜嘴钳

存储资料电脑

五、任务实施

2 放置车身挡块。

车轮挡块是为防止车辆移动的装置,安放的时候应保证其两边与车轮两边贴合。从保证操作人员行走安全角度说,其外缘应不超过轮胎侧面。

3 插尾气抽气管。

尾排管安装过程中,应防止尾排管刮伤车辆后保险杠漆面,注意尾气取样塞应安装到位。

4 铺设防护用品。

第一步　实施前准备工作

接过工单,确认车辆故障描述。

1 开锁,打开乘客侧车门记录车辆相关信息。

记录车辆17位编码(VIN)、整车型号及发动机型号,确保所记录的数据准确无误。尤其是发动机型号不准确,会导致电路图查阅错误,所以应特别注意。

车辆信息	整车型号	SGM7166ATC
	车辆识别代号	LSGPC52U6EF065477
	发动机型号	1.6LDE

防护用品包括座椅套、转向盘套、脚垫、换挡手柄套。其目的是防止维修人员维修

35

过程中的油污污染车辆。

5 打开发动机舱盖开关。

6 降下主驾驶室车窗。

操作提示

部分车辆带有关门落锁功能,此时降下驾驶室车窗,可防止钥匙被锁车内。如驾驶侧车窗无法降落,可操作可以落下的车窗或天窗。

7 打开发动机舱盖,安放翼子板布及前格栅布。

确保发动机舱盖支撑杆支撑到位。

翼子板布及前格栅布带有挂钩,可将其挂在车身金属部位,但不要挂在刮水器喷水管上。

8 准备工具。

提前准备所用基本物品。常用工具为万用表、手电筒、10号梅花扳手或套筒。

9 测量蓄电池电压、检查机油液位、冷却液液位、制动液液位。

检查蓄电池端子有无松动,如有松动,应紧固后方可起动车辆。

任务二　发动机故障诊断与排除

由于蓄电池极柱表面会有氧化物，所以测量蓄电池电压时，表笔的尖部应轻微用力顶在蓄电池极柱上，保证刺破氧化膜以便保证测量结果准确。

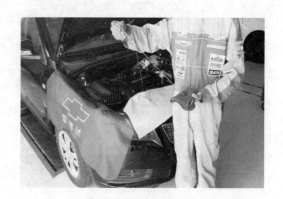

检查机油液位时，应先抽出机油尺，擦干净后再次完全插到底部后缓慢抽出，机油尺倾斜45°正反面观察机油液位是否符合要求。

操作提示

完成上述操作后，为保证发动机起动后的散热风扇的正常工作，应该将前格栅布按如上图所示翻起，以保证气流畅通。

第二步　测量前处理作业

1 准备金德 KT600 解码仪。（根据仪器提示需要选择 GM22 接头）。

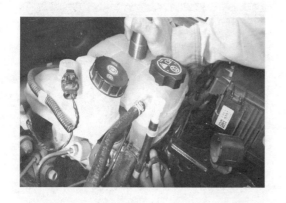

用手电筒辅助照明，检查冷却液液位高度是否符合规定值。

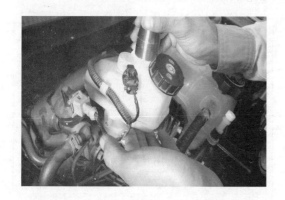

用手电筒辅助照明，检查制动液液位高度是否符合规定值。

操作提示

诊断仪连接前，需观察诊断仪连接电缆各插脚是否齐全，有无弯曲变形。

2 连接诊断接头。

37

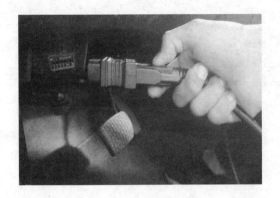

操作提示

将诊断仪诊断插头连接至车辆的诊断插座,诊断插座在主驾驶室的左下角。

3 起动车辆。

操作提示

首先应该打开点火开关,观察仪表指示灯情况。起动车辆时要查看车辆的起动状况及起动后的车辆运转情况,并将其记录在工单上。

故障现象确认	确认故障症状并记录症状现象（根据不同故障范围,进行功能检测,并填写检测结果）
	①发动机故障灯 MLL □正常 ■不正常
	②发动机起动 ■正常 □不正常
	③其他（如果有） □正常 ■不正常

4 按如图所示的下述步骤逐步选择所需电控单元。下面以进入发动机电脑进行操作为例。

（1）进入汽车诊断。

（2）选择通用车系。

（3）按照车辆 VIN 的第十位数字,选择车辆年款。（本例以 2014 年款为例）

车辆 VIN 第十位数字或字母所代表的年款

年份	代码	年份	代码	年份	代码
2001	1	2011	B	2021	M
2002	2	2012	C	2022	N
2003	3	2013	D	2023	P
2004	4	2014	E	2024	R
2005	5	2015	F	2025	S
2006	6	2016	G	2026	T
2007	7	2017	H	2027	V
2008	8	2018	J	2028	W
2009	9	2019	K	2029	X
2010	A	2020	L	2030	Y

任务二　发动机故障诊断与排除

（4）选择车系（本处以雪佛兰为例）。

（5）根据被测车系，选取车型（本处以科鲁兹为例）。

（6）选择所要进入的控制模块。此处以进入发动机控制模块为例。

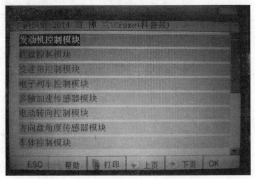

（7）根据初步准备过程中记录的发动机型号，选择正确的发动机型号进入，此处以 1.6L L4 LDE 款发动机为例。

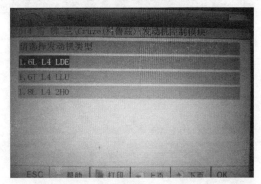

（8）根据被测车型的变速器形式选取，此处以自动挡变速器箱类型为例。

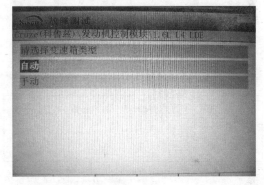

5　读取故障码并记录。

（1）进入"读取故障码"。

特别提示：读取完毕故障码后，要首先记录故障码，不能先清除后再读取。

读取并记录控制单元中所存储的故障码。

（2）进入"DTC 显示屏"读取故障码并

记录工单。

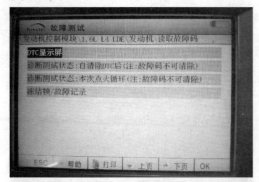

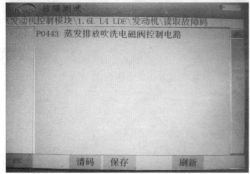

五、故障码检查	正确读取并记录故障码。 □ 无 DTC ■ 有 DTC：P0443

（3）读取并记录后，应清除故障码，并再次读取故障码并记录。

六、正确读取数据	清除故障码。 再次确认故障码。 □ 无 DTC ■ 有 DTC：P0443

（4）退出"DTC 显示屏"，进入"冻结数据帧"并记录相关数据。

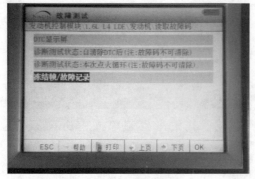

点击"雪花"状图标，进入冻结数据模式。

操作提示

如果该界面有多个冻结数据记录，则应选择当前故障码所对应的冻结数据进行记录。

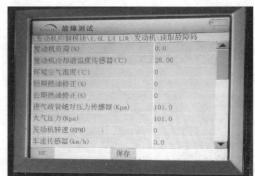

读取控制模块中的基本定格数据，选取相关数据并进行记录。

注：大赛中，为降低比赛难度，采用个性化工单，所需记录的基本数据项目会罗列在工单上，只需要根据所罗列项目进行记录便可。

任务二　发动机故障诊断与排除

故障不同,所需记录的基本数据会有所变化。故障码分为 A 类故障码、B 类故障码和 C 类故障码。A 类故障码在打开点火开关,电控单元便会记录,所以一些基本数据值会显示为 0,此为正常现象。

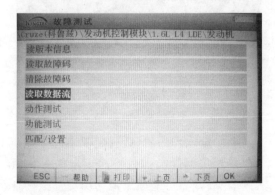

6 读取动态数据流并记录。
(1)进入"读取数据流"。

(2)进入"蒸发排放数据"。
根据故障码的提示,选取合适的数据块进入。

为方便维修人员查阅数据,电控单元在设计之初便将同一个系统的相关数据放在一起做成数据模块,直接进入数据模块,可方便快捷地找到所需的诊断数据值,可以提高工作效率。

操作提示

进入相关数据流后,记录与故障码特征相关的数据,以此来判断故障方向。与故障码特征相关的数据,会在维修手册中给予提示。如进气温度传感器 2 的故障码为 P0096、P0097 或 P0098,在诊断策略中,手册会提示所需观察的典型数据。

故障诊断仪典型数据如下。

进气温度传感器2

电路	对搭铁短路	开路	对电压短路
运行条件:发动机运转			
参数正常范围:随环境温度而变			
信号电路	150℃ (302°F)	−40℃ (−40°F)	−40℃ (−40°F)
低电平参考电压	—	−40℃ (−40°F)	−40℃ (−40°F)

7 清除故障码。

在全部记录完成后,需清除原先存储的故障码并再读取。

此处需特别注意的是:由于电控系统的故障码有等级之分,对于 B 类和 C 类故障码,需要达到其特定的运行条件后,电控单元才会记录相关故障码。所以在清除完故障码后,需要关闭发动机、拔出钥匙后再次插入钥匙起动发动机,并根据原先故障码的运行条件去操作车辆,使之达到故障码运行条件后再进行运行检查。

运行故障诊断码的条件:
- 发动机正在运行。
- 未设置故障诊断码(DTC) P0606、P0628 或 P0629。
- 蓄电池电压在 11~32V 之间。

设置故障诊断码的条件:
P0443
脉宽调制信号在 8.2% ~ 99% 之间。
设置故障诊断码时采取的操作:
故障诊断码(DTC) P0443 是 B 类故障诊断码。

清除故障诊断码的条件:
故障诊断码(DTC) P0443 是 B 类故障诊断码。

例如:P0443 故障码,维修手册中明确提出该故障码的运行条件必须为发动机正在运行,如果清除故障码时发动机已经熄火,再次读取故障码也没有再次起动发动机,那么很有可能就会读不到相关的故障码。所以必须要查阅维修资料,确定该故障码的运行条件后,按照故障码运行条件操作车辆,以使其满足运行条件使故障码再现。

8 再次读取故障码。

(1) 进入"读取故障码"。

(2) 进入"DTC 显示屏"。

再次读取到的故障码,标明当前车辆确实存在相关问题。如果再次读取故障码无法读取到,则有可能该故障为历史性故障或没有达到该故障码的运行条件。需正确的按照故障码运行条件去操作车辆运行状态。

任务二　发动机故障诊断与排除

操作提示

此处应重点观察手册中的系统说明、电路/系统的检验、电路/系统的测试等内容，仔细阅读电路/系统的测试每一个步骤，并根据步骤的提示进行操作。

操作提示

再次读取的故障码应准确地记录在记录表上，为后期查阅维修策略做准备。

9 查看车辆相关连接器及相关元件的安装和连接是否正常。

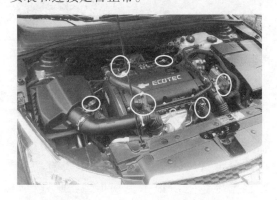

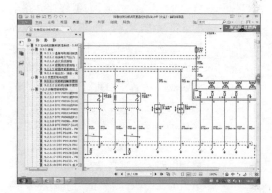

查阅电路图,重点查阅线路的走向、电控单元的针脚号、元件的针脚号,根据维修策略中的步骤提示做每一步检测。并根据电路结构和维修手册中所罗列的可能导致该故障的故障原因进行填写,制定维修方案。

K20 发动机控制模块	☑可能	☐不可能
Q12	☑可能	☐不可能
相关线路	☑可能	☐不可能
	☐可能	☐不可能
	☐可能	☐不可能
	☐可能	☐不可能

操作提示

如果发现相关连接器连接不正常或者元件安装不正常，应调整后按照故障码运行条件运行车辆，并再次读取故障码和相关数据，确认是否恢复正常。

10 查看维修手册。

操作提示

罗列的故障原因，在后期的测量过程中，应通过规范、合理的手段进行排除。

第三步 发动机故障的排除

1 测量线路

根据维修策略中的提示进行逐步测量。

电路/系统测试

1 将点火开关置于"OFF(关闭)"位置,断开Q12 蒸发排放吹洗电磁阀线束连接器。将点火开关置于"ON(打开)"位置。

2 确认点火电压电路端子2 和搭铁之间的测试灯点亮。如果测试灯未点亮,则电路熔断丝状态良好。

2.1 将点火开关置于"OFF(关闭)"位置,拆下测试灯。

2.2 测试点火电路端对端的电阻是否小于Ω。如果为2Ω 或更大,则修理电路中的开路/电阻过大。如果小于2Ω,则确认熔断丝未熔断且熔断丝处有电压,如果测试灯未点亮,则电路熔断线熔断。

2.3 将点火开关置于"OFF(关闭)"位置,拆下测试灯。

2.4 测试点火电路和搭铁之间的电阻是否为无穷大。如果电阻不为无穷大,则修理电路上的对搭铁短路故障。如果电阻为无穷大,则测试所有连接至点火电压电路的部件是否短路并在必要时予以更换。

(1)点火开关"ON",确认点火电路端子2 和搭铁之间的测试灯点亮。

此处试灯点亮,说明电源供给电路正常。如试灯未点亮,则应检查电源电路熔断丝是否正常,检测该电源电路端对端电阻是否正常;如熔断丝损坏,则应检测该电路对搭铁电路的电阻是否正常。此处试灯点亮,故上述后续工作无须进一步进行,直接转至手册中的第三步。

如果测试灯点亮:

3 确认在点火电路端子2 和控制电电路端子1 之间的测试灯未点亮。

如果测试灯点亮:

3.1 将点火开关置于"OFF(关闭)"位置,拆下测试灯,断开K20 发动机控制模块处的线束连接器。

3.2 测试控制电路和搭铁之间的电阻是否为无穷大。如果电阻不为无穷大,则修理电路上的对搭铁短路故障。如果电阻为无穷大,更换K20 发动机控制模块。

(2)确认在点火电路端子2 和控制电路端子1 之间的测试灯未点亮。

如果试灯点亮,则说明控制电路存在与搭铁电路导通情况,应断开K20,检测控制电路是否对搭铁电路短路;如果没有短路,则根据维修手册提示更换K20。此处试灯没有点亮,所以按照手册提示进行下一步。

如果测试灯未点亮:

4 拆下测试灯。

5 使用故障诊断仪指令蒸发排放吹洗电磁阀接通时,确认故障诊断仪上的"EVAP Purge Solenoid Valve Control Circuit High Voltage Test Status(蒸发排放吹洗电磁阀控制电路电压过高测试状态）参数为"OK（正常）"。

如果未显示"OK（正常）"：

5.1 将点火开关置于"OFF（关闭）"位置，断开K20发动机控制模块的线速连接器，再将点火开关置于"ON（打开）"位置。

5.2 测试控制电路和搭铁之间的电压是否低于1V。如果是1V或更高，则修理电路上的对电压短路故障。如果低于1V，则更换K20发动机控制模块。

（3）确认故障诊断仪"蒸发排放吹洗电磁阀控制电路电压过高测试状态"参数为"正常"或"没有运行"。

如果显示"故障"或"运行"，则应检测控制电路与搭铁之间的电压是否小于1V。如果大于1V，则该电路对电压短路；如果小于1V，则更换K20。此处显示"没有运行"，则上述步骤无须进行，转入下一步。

操作提示

电控单元认为，只有炭罐电磁阀开启指令大于76%以后才算作开启，所以要一直增加指令至大于76%，上述数据才会变化。上述数据显示正常，转至下一步。

如果显示"OK（正常）"：

6 在控制电路端子1和点火电路端子2之间安装一条带3A熔断丝的跨接线。

7 使用故障诊断仪指令蒸发排放吹洗电磁阀接通时，确认故障诊断仪上的"EVAP Purge Solenoid Valve Control Circuit High Voltage Test Status（蒸发排放吹洗电磁阀控制电路电压过高测试状态）参数为"Malfunction（故障）"。

如果未显示故障：

7.1 将点火开关置于"OFF（关闭）"位置，拆下跨接线，断开K20发动机控制模块的线束连接器。

7.2 测试控制电路端对端的电阻是否小于2Ω。如果为2Ω或更大，则修理电路中的开路/电阻过大。如果小于2Ω，则更换K20发动机控制模块。

如果显示故障：

8 测试或更换Q12蒸发排放吹洗电磁阀。

（4）在控制电路端子1和点火电路端子2之间安装一条带3A熔断丝的跨接线。

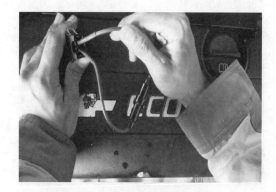

（5）动作测试诊断仪指令大于76%，确认故障诊断仪上的"蒸发排放吹洗电磁阀控制电路高电压测试状态"参数为"正常"。

上图显示数据"正常"，所以按照维修手册指示，这应该是不正常的，所以应该继

续进行。

(6) 拆下 K20,检测控制电路端子 1 对 K20/X2/66 端对端电阻。

结果显示电阻过大,需修理电路中的开路故障。

(7) 修复完成后,电阻显示小于 1Ω,故障恢复至正常状态。

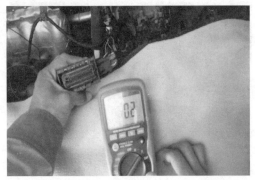

将所测得的线路测量结果记录在工单上。

(8) 元件检测。

部件测试

静态测试

1. 将点火开关置于"OFF(关闭)"位置,断开 Q12 蒸发排放吹洗电磁阀线束连接器。
2. 测试控制端子 1 和点火端子 2 之间的电阻是否为 10～30Ω。如果不在 10～30Ω 之间更换 Q12 蒸发排放吹洗电磁阀。如果在 10～30Ω 之间
3. 全部正常。

动态测试

1. 将点火开关置于"OFF(关闭)"位置,断开 Q12 蒸发排放吹洗电磁阀线束连接器。
2. 在点火端子 2 和 12V 电压之间安装一条带 3A 熔断丝的跨接线。在控制端子 1 和搭铁之间安装一条跨接线。
3. 确认蒸发排放吹洗电磁阀接通 & 断开/发出咔嗒声并流出真空。如果蒸发排放吹洗电磁阀未接通 &/断开/发出咔嗒声或流出真空。更换 Q12 蒸发排放吹洗电磁阀。如果蒸发排放吹洗电磁阀接通 & 断开/发出"咔嗒"声并流出真空。
4. 全部正常。

根据手册提示,炭罐电磁阀的元件检测分为静态检测和动态检测。

静态检测:测量炭罐电磁阀 Q12/1—Q12/2 之间的电阻为 20.1Ω,符合手册中 10～30Ω 的标准值。

动态检测:用熔断丝跨接线连接 +B 电源至炭罐电磁阀的炭罐电磁阀 Q12/1,用测试线连接 Q12/2 至搭铁。炭罐电磁阀应有"咔嗒"声。

保持炭罐电磁阀的供电状态,起动发动

机,在炭罐电磁阀的空气入口,用手靠近应能感觉到真空吸力。

经过以上检测,说明炭罐电磁阀的元件是正常的。

2 填写工单。

十、电路测量	对被怀疑的线路进行测量: 注明插件代码和编号,控制单元针脚代号以及测量结果。	
	线路范围	检查或测试后的判断结果
	Q12/2—F47UA	■ 正常　□ 不正常
	Q12/1—K20X2/66	□ 正常　■ 不正常

十一、故障部位确认和排除	根据上述的所有检测结果,确定故障内容并注明。 (1)确定的故障是:	
	□ 元件损坏	请写明元件名称
	■ 线路故障	请写明线路区间: Q12/1—K20X2/66 线路断路
	□ 其他	
	(2)故障点的排除处理说明。 □ 更换元件　■ 维修 线路　□ 调整	

3 维修后故障码读取,并填写读取结果。

十二、维修结果确认	(1)维修后故障码读取,并填写读取结果。 无故障码,系统正常
	(2)维修后的功能确认并填写结果。 维修后功能确认并填写结果: 原故障数据恢复正常

4 与原故障相关的动态数据检查结果,并记录检查结果。

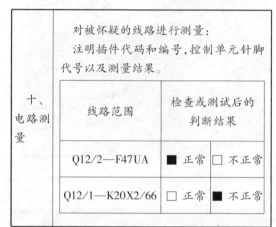

5 汇总的测量过程如下表所述。

Q12/2—搭铁　灯亮	■ 正常	□ 不正常
Q12/2—Q12/1　灯不亮	■ 正常	□ 不正常
动作测试 Q12 观察"蒸发排放电磁阀控制回路高电压测试状态"数据显示"正常"	■ 正常	□ 不正常

续上表

跨接Q12/2—Q12/1,动作测试,观察"蒸发排放电磁阀控制回路高电压测试状态"数据变化显示"正常"	□正常	■不正常
测Q12/1—搭铁 电压	■正常	□不正常
测Q12/1—K20X2/66电阻为无穷大欧姆	□正常	■不正常

操作提示

以上的测量过程只是汇总,不需要在工单中写明。

6 信号波形的检测(以曲轴位置传感器为例)。

(1)打开示波器。

按"开机"按钮,打开诊断仪。

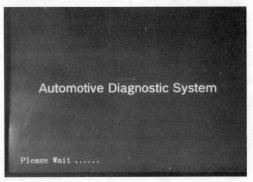

(2)选择"示波分析"功能。

(3)根据所测试的元件可以选择对应的功能,也可以选择"通用示波器",此处选择通用示波器。

(4)进入示波器界面。

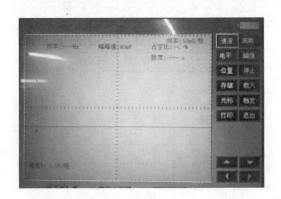

(5)选择示波器测试线。

我们常用的示波器测试线有三种,如下图所示。香蕉头测试线、鳄鱼夹测试线和探针测试线,测试线与示波器连接接头为标准的BNC接口。

任务二　发动机故障诊断与排除

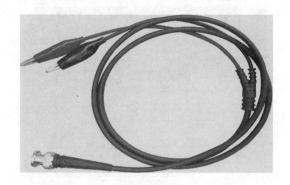

鳄鱼夹测试线

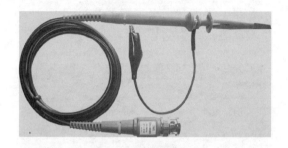

探针测试线

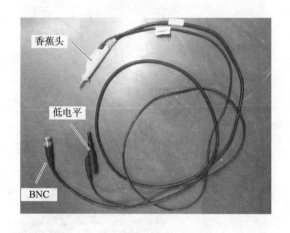

香蕉口测试线

这三种测试线,其中黑色夹子为低电平参考线,一般连接被测信号的负极,红色、黄色或者探针连接被测信号,BNC 接口连接示波器。由于香蕉口测试线的香蕉口可以与208测试线配对连接,所以在汽车检测过程中,以香蕉口测试线使用较广。

(6)连接测试线至示波器(CH1)。

CH 在示波器中是通道的含义,其后面的数字表示通道号。通道号表示了示波器能同时显示的波形的条数。图中示波器为五通道,表示该示波器能同时显示五路波形信息。如果只用一路的话,一般选择通道1。

(7)连接蓄电池,检验示波器。

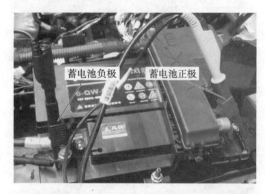

此时示波器应该显示一条直线,如图所示。

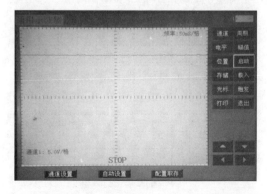

屏幕显示一条直线。由示波器参数可以看出,每格电压为5V,此时直线相对于基

准零线高度为 2.4 格,所以其表示的电压为 $5\times2.4=12(V)$,这个电压应该等于蓄电池电压。示波器检验的目的主要是为了测试仪器及连接线是否正常,这与我们使用万用表等测量仪器前的校准是一个道理,在使用测量仪器前,一定要养成校准仪器的习惯。

(8)拔开曲轴位置传感器连接器。

(11)将被测部件的线路连接完毕,连接示波器至测试端子至被测部件的信号线(图中黑色测试线为信号线)。

(9)根据线束连接器的端子尺寸,选择合适的测试连接线。测试线的目的是将测试端子引出以方便测试。

(12)起动发动机,波形便显示在屏幕上。

测试连接线的选择一定注意连接线的探针的尺寸必须与所测量的元件端子尺寸一致,否则可能导致被测线路连接端子尺寸变大,造成接触不良,甚至损坏连接端子或者由于端子尺寸不合适而导致接触不良造成错误的测量结果。

(10)将测试线连接被测部件的部件端和线束端。这目的是通过 T 型线引出测试线,避免破线测量对线束造成损害。

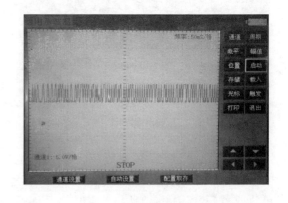

第四步 车身故障前的准备工作

首先查看任务单上的故障描述,确认故障区域。

任务二 发动机故障诊断与排除

车身系统故障诊断作业记录表

参赛选手号		选手姓名		裁判签名	
车辆信息	整车型号				
	车辆识别代号				
	发动机型号				
故障描述		后雾灯故障		备注	

本例以后雾灯故障为例,说明车身灯光系统的故障诊断过程。

1 确认故障现象。

(1)打开后雾灯开关,查看仪表指示灯显示是否正常,并记录工单。

(2)打开后雾灯开关,查看后雾灯灯泡是否正常点亮,并记录工单。

故障描述	后雾灯故障	备注
一、前期准备	不需要填写	
二、安全检查	不需要填写	
三、仪器连接	不需要填写	

续上表

	确认故障症状并记录症状现象(根据不同故障范围,进行功能检测结果)		
四、故障现象确认	打开后雾灯开关,仪表后雾灯指示灯点亮	■ 正常	□ 不正常
	打开后雾灯开关,后雾灯不亮	□ 正常	■ 不正常
	其他	□ 正常	□ 不正常

2 读取故障码。

按照发动机控制系统故障诊断的顺序,选择车型、年款等信息,在"车体控制模块"选择所要进入的车身系统。

(1)进入"车身控制模块"。

(2)进入"读取故障码"。

（3）读取故障码并记录工单。

3 记录读取到的故障码。

五、故障码检查	■ 无 DTC □ 有 DTC：_____
六、正确读取数据和清除故障码	（不需要填写） 注：观察车体控制模块的"后雾灯"数据，打开开关，观察后雾灯开启指令是否正常

操作提示

车身系统的部分故障没有故障码，但为了确定故障方向，仍然要进入相关系统查看数据是否正常，以便确定故障方向。这对我们实际诊断过程中建立正确的诊断思路非常重要。

4 查看维修手册，并记录工单。

由于该故障没有故障码，我们只能按照维修策略中的无码故障进行。查阅手册中的"灯光照明"部分中的"故障症状"内的"后雾灯故障"。

- 4.3.3.24 症状 - 照明
- 4.3.3.25 自动灯故障
- 4.3.3.26 倒车灯故障 (MT)
- 4.3.3.27 倒车灯故障 (AT)
- 4.3.3.28 门控灯故障
- 4.3.3.29 顶灯故障
- 4.3.3.30 前雾灯故障
- **4.3.3.31 后雾灯故障**
- 4.3.3.32 手套箱照明故障
- 4.3.3.33 危险警告灯故障
- 4.3.3.34 大灯故障
- 4.3.3.35 大灯高度调节故障
- 4.3.3.36 车内背景灯故障
- 4.3.3.37 灯亮指示灯故障 (TT6, TT2)
- 4.3.3.38 驻车灯、牌照灯和/或尾灯故障
- 4.3.3.39 阅读灯故障

分析手册，获得该故障的电路/系统说明。

电路/系统说明：

通过按下后雾灯开关，使后雾灯开关信号电路瞬时通过电阻器搭铁。车身控制模块(BCM)使后雾灯电源电压电路通电，从而点亮后雾灯。后雾灯开关启动，车身控制模块通过串行数据向组合仪表发送一个信息，请求组合仪表点亮后雾灯指示灯。

查看该系统的电路图，并根据电路图结构罗列出可能的故障原因。

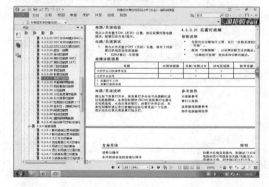

任务二 发动机故障诊断与排除

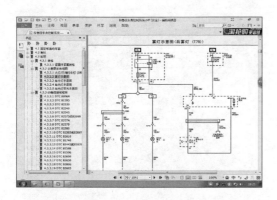

根据电路图和"电路/系统说明"罗列可能故障原因。

七、确定故障范围	以下哪些是有可能的故障原因,请根据控制原理及故障现象确认结果进行分析判断:		
	K9 车体控制模块	■ 可能	□ 不可能
	S30 前照灯开关	□ 可能	■ 不可能
	KR57 后雾灯继电器	■ 可能	□ 不可能
	X50A 熔断丝盒	■ 可能	□ 不可能
	E29LR 左后雾灯灯泡	■ 可能	□ 不可能
	E29RR 右后雾灯灯泡	■ 可能	□ 不可能
	后雾灯相关线路	■ 可能	□ 不可能

第五步 车身故障的排除

查阅手册电路诊断说明。

后雾灯故障:

1. 将点火开关置于 OFF(关闭)位置,断开下列相应尾灯的线束连接器。
    - E29LR 雾灯-左后。
    - E29RR 雾灯-右后。
2. 测试下列相应搭铁电路线束连接器端子和搭铁之间的电阻是否小于 5Ω。
    - E29LR 雾灯-左后线束连接器端子 2。
    - E29RR 雾灯-右后线束连接器端子 2。
    - 如果大于规定值,则测试相应的搭铁电路是否开路/电阻过大。
3. 在下列相应控制电路线束连接器端子和搭铁之间连接一个测试灯:
    - E29LR 雾灯-左后线束连接器端子 1。
    - E29RR 雾灯-右后线束连接器端子 1。
4. 将点火开关置于 ON(打开)位置,执行后雾灯继电器测试。切换不同的指令状态时,测试灯应点亮/熄灭。
    - 如果测试灯始终点亮,则测试控制电路是否对电压短路。如果电路测试正常,则更换 K9 车身控制模块。
    - 如果测试灯始终熄灭,则测试控制电路是否对搭铁短路或开路/电阻过大。如果电路测试正常,则更换 K9 车身控制模块。
5. 如果所有电路测试都正常,则测试或更换相应的尾灯。

按照诊断策略中的提示,拆卸后雾灯总成,取下后雾灯灯泡。

1 测量线路。

(1)测试雾灯灯泡搭铁端子和搭铁之间的电阻是否小于 5Ω。

实测，后雾灯灯泡搭铁电路电阻为1.3Ω，小于诊断策略中的5Ω标准，为正常状态。

◎操作提示

E29LR 雾灯-左后线束连接器端子2。

E29RR 雾灯-右后线束连接器端子2。

（2）在雾灯灯泡控制电路线束连接器端子和搭铁之间连接一个测试灯，用诊断仪对后雾灯继电器进行动作测试，测试灯应点亮/熄灭。

实测试灯一直熄灭，为不正常状态。

◎操作提示

E29LR 雾灯-左后线束连接器端子1。

E29RR 雾灯-右后线束连接器端子1。

（3）测量雾灯灯泡控制电路对搭铁电阻是否小于5Ω。

显示为无穷大欧姆，为正常。

（4）保持诊断仪动作测试，测量雾灯供电熔断丝下游对搭铁试灯是否点亮。

结果试灯不亮，不正常。

继续保持诊断仪的动作测试，用试灯测试雾灯电路的熔断丝上游对搭铁试灯是否点亮。

结果试灯点亮正常，说明雾灯继电器及其继电器控制线路为正常状态。

（5）测量雾灯控制电路端对端电阻是否小于2Ω。

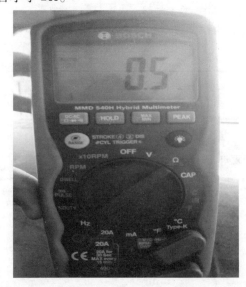

测量结果为 0.5Ω，说明该熔断丝至雾灯灯泡之间线路为正常。

操作提示

由于前面在雾灯灯泡处的电源侧已经检测该电路对搭铁电路没有短路情况，现在改线路端对端也为导通情况，所以可以判定该线路为正常。

（6）测量灯泡电阻。

左后如下图。

右后如下图。

检测结果为无穷大欧姆，说明右后雾灯灯泡元件损坏。

（7）测量 F65UA 熔断丝。

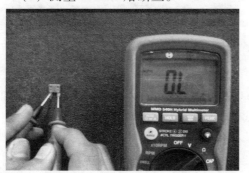

检测结果为无穷大欧姆，说明该熔断丝元件损坏。

检测完毕，填写元件检测工单。

九、部件测试	对被怀疑的部件进行部件测试。	
	部件	检查或测试后的判断结果
	K9 车体控制模块	■ 正常　□ 不正常
	S30 前照灯开关	■ 正常　□ 不正常
	KR57 后雾灯断电器	■ 正常　□ 不正常
	X50A 熔断丝盒	■ 正常　□ 不正常
	E29LR 左后雾灯灯泡	■ 正常　□ 不正常
	E29RR 右后雾灯灯泡	□ 正常　■ 不正常
		□ 正常　□ 不正常

2 记录电路测量工单。

十、电路测量	对被怀疑的线路进行测量，须：注明插件代码和编号，控制单元针脚代号以及测量结果。	
	线路范围	检查或测试后的判断结果
	E29LR/2—G309 搭铁	■ 正常　□ 不正常
	E29RR/2—G309 搭铁	■ 正常　□ 不正常
	E29LR/1—F85UA（下游）	■ 正常　□ 不正常
	E29RR/2—F85UA（下游）	■ 正常　□ 不正常
	F85UA	□ 正常　■ 不正常
	KR57/85—K9/X5/55	■ 正常　□ 不正常
		□ 正常　□ 不正常

十一、故障部位确认及排除

根据上述的所有检测结果,确定故障内容并注明。

(1)确定的故障是:

■ 元件损坏	请写明元件名称:E29RR 右后雾灯灯泡、F85UA 后雾灯熔断丝
□ 线路故障	请写明线路区间:
□ 其他	

(2)故障点的排除说明。

■ 更换	□ 维修	□ 调整

第六步 回收工具及5S

1 回收车身挡块。

挡块放入工具车,摆放整齐。

2 尾气抽气管。

回收尾气抽排系统,并将挂钩挂好。

3 三件套。

回收地板垫、座椅套、转向盘套、换挡手柄套,并将其放入可回收垃圾桶内。

4 金德 KT600 诊断仪。

回收诊断仪,将诊断电缆、诊断接口等按仪器盒内部定位槽摆放整齐。

5 翼子板布及前格栅布。

6 大小工具车的回收。

7 208接线盒。

8 拖地。

六、任务评价表

任务评价表（一）　　完成时间_____

选手参赛号			选手姓名		裁判签字	
车辆信息	整车型号					
	车辆识别代码					
	发动机型号					
故障描述			发动机故障			
项目	作业记录内容			配分	备注	
一、前期准备	①车辆信息填写 ②安装座椅、地板、转向盘三件套 ③安装翼子板布和前格栅布			2	□车辆信息缺（错）一项未填扣1分 □三件套少铺或未铺扣1分 □翼子板布少铺或未铺扣1分 （本项扣完配分为止）	
二、安全检查	①安装车轮挡块、插尾气抽气管 ②检查驻车制动器和挡位 ③检查机油、冷却液、制动液、蓄电池电压			2	□未做或缺项扣1分 □未做或缺项扣1分 □未做或缺项扣1分 （本项扣完配分为止）	

续上表

项目	作业记录内容	配分	备注
三、仪器连接	①点火开关关闭 ②正确连接诊断仪器	1	□未关闭点火开关扣1分 □诊断仪器连接或诊断接头选择(通用GM接口)不正确扣1分 (本项扣完配分为止)
四、故障现象确认	确认故障症状并记录症状现象(根据不同故障范围,进行功能检测,并填写检测结果) ①发动机故障灯MIL　　□正常 □不正常 ②发动机起动及运转状况　□正常 □不正常 ③其他(如果有)　　　　□正常 □不正常	1	□少做1项扣0.5分 □工单填写判断错误每项扣0.5分 (本项扣完配分为止)
五、故障码检查	正确读取并记录故障码 □ 无 DTC □ 有 DTC：＿＿＿＿＿＿	1	□未检查或未记录扣1分 □记录不正确,扣1分 (无故障码故障本项不扣分) (本项扣完配分为止)
六、正确读取数据和清除故障码	1.定格数据记录(只记录故障发生时的数据帧内容) 包括： 1)基本数据 | 项目 | 数值 | 单位 | 判断 | |---|---|---|---| | 发动机转速 | | r/min | □正常 □不正常 | | 发动机负荷 | | % | □正常 □不正常 | | 发动机冷却液温度传感器 | | ℃ | □正常 □不正常 | | 进气歧管绝对压力传感器 | | kPa | □正常 □不正常 | | 空气流量传感器 | | g/s | □正常 □不正常 | | | | | | 2)定格数据中除基本数据外的反应故障码特征的相关数据 | 项目 | 数值 | 单位 | 判断 | |---|---|---|---| | | | | | | | | | |	2	定格数据(2分) □未选择定格数据,扣2分 □定格数据记录错误1项扣0.5分 □定格数据判断错误,一项扣0.5分 (无故障码故障本项不扣分)

续上表

项目	作业记录内容	配分	备注
六、正确读取数据和清除故障码	2. 与故障码特征相关的动态数据记录 	项目	数值	单位	判断
			□正常 □不正常
			□正常 □不正常
			□正常 □不正常
			□正常 □不正常
			□正常 □不正常 | 3.确认故障码是否再次出现，并填写结果 □无 DTC　□有 DTC：_____	2	动态数据(2分) □动态数据记录错误或判断结果错误,一项扣0.5分 清码、读码(1分) □未清除扣1分 □未再次读取故障码扣1分 □记录故障码错误扣1分 （无故障码故障本项不扣分） （本项扣完配分为止）
七、确定故障范围	根据上述检查进行判断并填写可能故障范围。 |	□可能	□不可能
---	---	---
	□可能	□不可能
	□可能	□不可能
	□可能	□不可能
	□可能	□不可能
	□可能	□不可能
	□可能	□不可能
	□可能	□不可能
	□可能	□不可能
	□可能	□不可能		3	□缺少1项扣一分 □判断错误,每项扣1分 （本项扣完配分为止）
八、基本检查	线路/连接器外观及连接情况　□正常 □不正常 零件安装等　　　　　　　　□正常 □不正常	1	□无任何检查动作扣1分 □检查未记录扣1分 （本项扣完配分为止）

续上表

项目	作业记录内容			配分	备注
九、部件测试	对被怀疑的部件进行部件测试。			12	□未使用维修手册,扣1分 □万用表未校零,扣1分 □未使用208接线盒接线,扣1分 □背插扣1分 □工单填写错误、漏项或者判断不正确,1项扣2分 □未报出需要检查项,一项1分 □部件测试未根据维修手册进行,每项扣2分 □拆下的部件没有恢复到原车状态每件扣2分 (本项扣完配分为止)
	部件	检查或测试后的判断结果			
		□正常	□不正常		
		□正常	□不正常		
		□正常	□不正常		
		□正常	□不正常		
		□正常	□不正常		
		□正常	□不正常		
		□正常	□不正常		
		□正常	□不正常		
		□正常	□不正常		
		□正常	□不正常		
	作业内容:				
十、电路测量	对被怀疑的线路进行测量。 注明插件代码和编号,控制单元针脚代号以及测量结果			25	□未使用维修手册,扣1分 □万用表未校零,扣1分 □未使用208测试线测试,每测一次扣1分 □背插扣1分 □未关闭点火开关,拆控制单元插头,扣1分 □工单填写每缺少或填写错误一项扣2分 □操作步骤每错误1项扣1分 (本项扣完配分为止)
	线路范围	检查或测试后的判断结果			
		□正常	□不正常		
		□正常	□不正常		
		□正常	□不正常		
		□正常	□不正常		
		□正常	□不正常		
		□正常	□不正常		
		□正常	□不正常		
		□正常	□不正常		
		□正常	□不正常		
		□正常	□不正常		
	作业内容:				

续上表

项目	作业记录内容	配分	备注
十一、故障部位确认和排除	根据上述的所有检测结果,确定故障内容并注明。 1. 确定的故障是 □ 元件损坏　　请写明元件名称: □ 线路故障　　请写明线路区间: □ 其他 2. 故障点的排除处理说明 □ 更换　　□ 维修　　□ 调整	4	□故障点2分 □故障排除方法2分 (本项扣完配分为止)
十二、维修结果确认（表中项目检查有内容时填写检查结果,如果没有时填写"无"。）	1. 维修后故障码读取,并填写读取结果	1	□未读取故障码,扣1分 (本项扣完配分为止)
	2. 与原故障码相关的动态数据检查结果	1	□选手填写的工单上未记录发动机系统检查结果或记录错误扣1分 (本项扣完配分为止)
	3. 相关波形	8	□本项目不做只记录不得分 □波形信号测量点错误本项目不得分 □记录单每空0.5分 □波形图每错误一个扣2.5分 本项扣完配分为止,考到无波形故障本项目不扣分
	4. 维修后的功能确认并填写结果 发动机维修后功能确认并填写结果:	1	□未进行确认发动机故障状态扣1分 □选手填写的工单上未记录发动机故障状态或发动机故障状态记录错误扣1分 (本项扣完配分为止)
十三、现场恢复		0	大赛规程附件12中无本项目的配分。我们也不配分。对所有选手都是公平的
总分	65		
得分			

注:此任务评价表仅作为任务实施自查评价参考用,非比赛评分技术文件。

任务评价表(二)　　完成时间_____

选手参赛号		选手姓名		裁判签字	

车辆信息	整车型号	
	车辆识别代码	
	发动机型号	

故障描述	

项目	作业记录内容	配分	备注
一、前期准备	(不需要填写)	0	
二、安全检查	(不需要填写)	0	
三、仪器连接	①点火开关关闭 ②正确连接诊断仪器	0	
四、故障现象确认	确认故障症状并记录症状现象(根据不同故障范围,进行功能检测,并填写检测结果) ①　　　　　□正常 □不正常 ②　　　　　□正常 □不正常 ③　　　　　□正常 □不正常 ④　　　　　□正常 □不正常 ⑤其他(如果有)□正常 □不正常 _____	1	□少做1项扣1分 □工单填写判断错误每项扣1分 (本项扣完配分为止)
五、故障码检查	正确读取并记录故障码 DTC:	1	□未检查或未记录扣1分 □记录不正确,扣1分 (无故障码故障本项不扣分) (本项扣完配分为止)
六、正确读取数据和清除故障码	清除故障码。 再次确认故障码	2	□未读取数据或记录错误一项扣1分 □未清除故障扣1分 未再次读取和记录故障码,扣1分 (无数据故障本项不扣分) (本项扣完配分为止)

续上表

项目	作业记录内容			配分	备注
七、确定故障范围	根据上述检查进行判断并填写可能故障范围。			3	□少记录项目,每项1分 □判断错误,每项扣1分 (本项扣完配分为止)
		□可能	□不可能		
		□可能	□不可能		
		□可能	□不可能		
		□可能	□不可能		
		□可能	□不可能		
		□可能	□不可能		
		□可能	□不可能		
		□可能	□不可能		
		□可能	□不可能		
		□可能	□不可能		
		□可能	□不可能		
		□可能	□不可能		
		□可能	□不可能		
		□可能	□不可能		
		□可能	□不可能		
		□可能	□不可能		
八、基本检查	线路/连接器外观及连接情况 零件安装情况	□正常 □不正常 □正常 □不正常		1	□无任何检查动作扣1分 □检查未记录扣0.5分 (本项扣完配分为止)

续上表

项目	作业记录内容			配分	备注
九、部件测试	对被怀疑的部件进行部件测试。 作业内容：			6	☐ 未使用维修手册,扣1分 ☐ 万用表未校零,扣1分 ☐ 未使用208接线盒接线,扣1分 ☐ 背插扣1分 ☐ 填写错误、漏项或者判断不正确,1项扣2分 ☐ 未报出需要检查项,一项1分,共2分 ☐ 部件测试未根据维修手册进行,每项扣2分 ☐ 拆下的部件没有恢复到原车状态每件扣2分 (本项扣完配分为止)
		部件	检查或测试后的判断结果		
			☐ 正常　☐ 不正常		
			☐ 正常　☐ 不正常		
			☐ 正常　☐ 不正常		
			☐ 正常　☐ 不正常		
			☐ 正常　☐ 不正常		
			☐ 正常　☐ 不正常		
			☐ 正常　☐ 不正常		
			☐ 正常　☐ 不正常		
			☐ 正常　☐ 不正常		
			☐ 正常　☐ 不正常		
			☐ 正常　☐ 不正常		
十、电路测量	对被怀疑的线路进行测量: 注明插件代码和编号,控制单元针脚代号以及测量结果。 作业内容：			15	☐ 未使用维修手册,扣1分 ☐ 万用表未校零,扣1分 ☐ 未使用208接线盒接线,扣1分 ☐ 背插扣1分 ☐ 未关闭点火开关,拆控制单元插头,扣1分 ☐ 工单填写错误、漏项或者判断不正确,每项扣2分 ☐ 操作步骤每错误项扣1分 (本项扣完配分为止)
		线路范围	检查或测试后的判断结果		
			☐ 正常　☐ 不正常		
			☐ 正常　☐ 不正常		
			☐ 正常　☐ 不正常		
			☐ 正常　☐ 不正常		
			☐ 正常　☐ 不正常		
			☐ 正常　☐ 不正常		
			☐ 正常　☐ 不正常		
			☐ 正常　☐ 不正常		
			☐ 正常　☐ 不正常		

续上表

项目	作业记录内容	配分	备注
十一、故障部位确认和排除	根据上述的所有检测结果，确定故障内容并注明。 1. 确定的故障是 ☐ 元件损坏　　请写明元件名称： ☐ 线路故障　　请写明线路区间： ☐ 其他 2. 故障点的排除处理说明 ☐ 更换　　☐ 维修　　☐ 调整	3	☐ 故障点 1.5 分 ☐ 故障排除方法 1.5 分
十二、维修结果确认（表中项目检查有内容时填写检查结果，如果没有时填写"无"。）	1. 维修后故障码读取，并填写读取结果	1	☐ 未读取故障码，扣 1 分。（无故障码故障本项不扣分） 本项扣完配分为止
	2. 与原故障码相关的动态数据检查结果	1	☐ 未记录或记录错误扣 1 分。（无数据故障本项不扣分） 本项扣完配分为止
	3. 维修后的功能确认并填写结果	1	☐ 未进行功能确认或记录错误扣 1 分 本项扣完配分为止
十三、现场恢复	（不需要填写）	0	
总分	35		
得分			

注：此任务评价表仅作为任务实施自查评价参考用，非比赛评分技术文件。

示例　科鲁兹轿车常见传感器及执行器的诊断步骤和波形

一、测试曲轴位置传感器线路的要求

（1）检查曲轴位置传感器线路。
（2）分析测试结果，并确定修理方案。

二、仪器准备

（1）汽车万用表。
（2）维修手册。

三、试验步骤

（1）查阅资料。
查阅资料得知，曲轴位置传感器的端子图及各个端子如图所示。

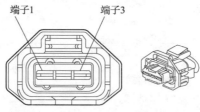

B26曲轴位置传感器

曲轴位置传感器各端子的线路颜色及作用如表所示。

针脚	导线	功能
1	0.5 WH/BK（白色/黑色）	曲轴位置传感器高分辨率信号
2	0.5 BK/VT（黑色/紫红色）	曲轴传感器低电平参考电压
3	0.5 D-GN（深绿色）	曲轴传感器信号

由上表可知，曲轴位置传感器代号为B26，其1号脚为传感器信号输出、2号脚为传感器搭铁、3号脚为传感器5V电源。据此按照维修手册要求进行线路检测如表所示。

前提条件	测量项目	实测值	是否正常	故障原因
断开传感器B26线束连接器	测量2号脚对搭铁之间的电阻	0.2Ω	正常	

续上表

前 提 条 件	测 量 项 目	实测值	是否正常	故障原因
点火开关打开	测量3号脚对地之间电压	5V	正常	
点火开关打开	测量1号脚对地之间的电压	0V	不正常	线路断路或对地短路
点火开关关闭	测试1号脚与搭铁之间电阻	∞Ω	正常	
点火开关关闭,断开电控单元插接器	测试1号脚与K20/X2/2之间电阻	∞Ω	不正常	线路断路

由上面测量可发现,故障点在传感器信号线与电控单元K20之间线路断路,那么传感器本身是否存在问题呢?

(2)测试传感器。

查阅资料得知,曲轴位置传感器为霍尔式内部带处理电路的传感器,曲轴在旋转过程中,由于传感器磁环的转动,传感器信号周期性搭铁,从而确定曲轴的位置及转速。对于霍尔传感器,我们无法直接测量传感器的阻值,只能通过波形来判断传感器是否正常。

用T形线连接传感器的3号脚和2号脚至相应的电控单元端子,引出1号脚信号线至示波器如所示。

打开示波器,用示波器检测曲轴位置传感器波形如图所示。

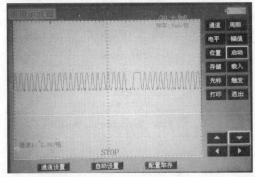

如果测出的波形为一条5V的直线,说明传感器没有输出信号;如果信号线波形为一条0V的直线,说明传感器信号线对地短路、传感器本身短路或者控制单元K20损坏。

(3)电控单元检测。

维修线路后,根据维修手册和曲轴位置传感器的工作原理,拔下曲轴位置传感器插头,打开点火开关,用诊断仪观察发动机控制单元的"发动机转速"数据,此时应为"0"。用一个带有3A熔断丝的跨线,一端连接传感器线路的1号端子,另一端不断搭铁,此时"发动机转速"数据应有显示转速。否则说明电控单元损坏。

(4) 确定故障原因,对故障进行排除。

根据上面的检测,确定故障点为传感器1号线路至电控单元K20之间线路断路。

(5) 故障修复及复查。

修复受损线路,清除故障码,观察车辆发现恢复正常。

(6) 复检故障码和故障相关数据。

重新读取故障码,显示"系统正常",观察发动机转速表显示正常,读取发动机数据流,"发动机转速"显示正常的发动机转速,说明故障排除。

知识拓展

随着技术的发展,汽车电控系统越来越复杂,各传感器之间的数据关联性越来越强,在故障诊断过程中所要检测的零部件也越来越多。下面以科鲁兹1.6自动挡轿车为例,介绍该车主要传感器的数据及传感器和线路的检测方式。

1. 空气流量计及进气温度传感器的检测

科鲁兹1.6自动挡轿车空气流量计及进气温度传感器作为一体,为五线式空气流量计,科鲁兹空气流量计电路原理图如图所示。

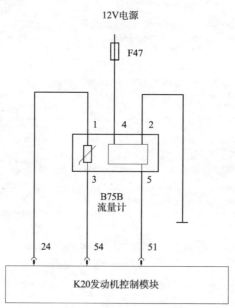

科鲁兹空气流量计端子如图所示。

示例 科鲁兹轿车常见传感器及执行器的诊断步骤及波形

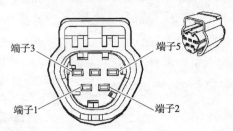

空气流量计各端子的线路颜色及作用如表所示。

针脚	导线	功能
1	BK/VT(黑色/紫红色)	进气温度传感器低电平参考电压
2	BK(黑色)	搭铁
3	BN/VT(棕色/紫红色)	进气温度传感器信号
4	0.75 VT/BK(紫红色/黑色)	点火电压
5	D-GN/WH(深绿色/白色)	质量空气流量传感器信号

1)空气流量计线路检测步骤

空气流量计线路检测步骤如表所示。

前提条件	测量项目	正常值	出现问题的原因
断开空气流量计B75B线束连接器	测量2号脚对搭铁之间的电阻	0.2Ω	如果电阻过大说明该线路开路或接触电阻过大
点火开关打开	测量4号脚对地之间电压	12V	电压过低应检查熔断丝、熔断丝至4号脚间电阻、4号脚对地电阻(应为∞Ω)
点火开关打开	测量5号脚对地之间的电压	5V	如果高于5V,说明该线路对电压短路;如果低于5V,则检测该线路对地之间电阻(应为∞Ω)和5号脚至K20/51脚之间电阻

2)进气温度传感器线路检测

进气温度传感器线路检测步骤如表所示。

前提条件	测量项目	正常值	出现问题的原因
点火开关关闭	测试1号脚与搭铁之间电阻	<1Ω	如果电阻过大,检测1号脚与K20/24之间的电阻;如果电阻正常,检查插接器是否正常
点火开关打开	测试3号脚与搭铁之间电压	5V	如果高于5V,说明该线路对电压短路;如果低于5V,则检测该线路对地之间电阻(应为∞Ω)和3号脚至K20/54脚之间电阻

3)空气流量计的检测

该空气流量计为卡门涡旋式流量计,输出为频率信号。这种类型的传感器用万用表无法检测,只能用示波器进行波形检测。

传感器线路连接：传感器4号脚连接蓄电池电压、2号脚搭铁、5号脚连接示波器。当向空气流量计吹气时，空气流量计的波形应有变化，否则说明空气流量计损坏。正常的空气流量计的波形如图所示，为一个频率波形，随着进气量的增加，频率增加。

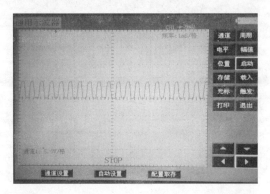

4）进气温度传感器的检测

用万用表测量传感器3—3脚之间的电阻，在测量电阻的时候，一定要确定检测该电阻时的环境温度，因为温度对温度传感器的阻值影响非常明显。正常的温度传感器的阻值应符合图所示给出的"温度—阻值"表格对应，否则说明传感器损坏。

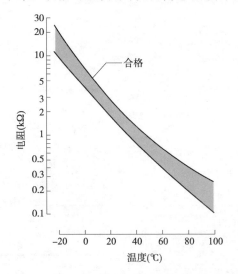

5）电控单元的检查

用信号发生器模拟空气流量计的信号频率，将信号发生器的输出端连接发动机控制单元的空气流量计信号端子51，用诊断仪观察"空气流量计"数据。诊断仪上显示的频率应与信号发生器的频率一致，否则说明电控单元损坏。

进气温度传感器电控单元检测时拔下空气流量计，观察诊断仪上的"进气温度"数据。当拔下传感器时，其应显示-40℃。用一个带有3A熔断丝的跨接线，跨接电控单元的24和54号端子，观察诊断仪上的"进气温度"数据，应为140℃，否则说明电控单元损坏。

6）传感器相关数据及分析

空气流量计和进气温度传感器的数据如图所示。

示例　科鲁兹轿车常见传感器及执行器的诊断步骤及波形

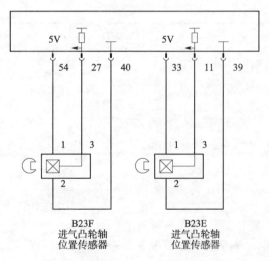

急速时,空气流量计在 1.7~3.7g/s 之间;发动机转速为 2500r/min 时为 5.5~7.5g/s,而且"空气流量传感器"数据应该与电控单元中"计算的气流"量基本一致。如果数据不正常,应检查传感器线路和传感器的安装。

2. 凸轮轴位置传感器的检测

凸轮轴位置传感器有两个,为霍尔式传感器。该传感器安装于进、排气凸轮轴尾端,电路图如图所示。

科鲁兹轿车进、排气凸轮轴位置传感器端子如图所示。

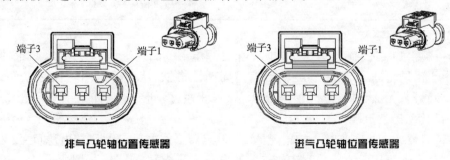

进气凸轮轴位置传感器各端子的线路颜色和作用如表所示。

针脚	导线	功能
1	0.5 GY/D-BU(灰色/深蓝色)	进气凸轮轴位置传感器电源电压
2	0.5 BK/D-GN(黑色/深绿色)	进气凸轮轴位置传感器低电平参考电压
3	0.5 YE/VT(黄色/紫红色)	进气凸轮轴位置传感器信号输出

排气凸轮轴位置传感器各线路的颜色和作用如表所示。

针脚	导线	功能
1	0.5 GY/YE(灰色/黄色)	排气凸轮轴位置传感器电源电压
2	0.5 BK/GY(黑色/灰色)	排气凸轮轴位置传感器低电平参考电压
3	0.5 VT/BK(紫红色/黑色)	排气凸轮轴位置传感器信号输出

1)测试传感器线路

由电路图可知,该传感器有两个,分为进气凸轮轴位置传感器和排气凸轮轴位置传感器,其代号分别为B23F和B23E,两个传感器的工作原理完全一致。其1号脚为传感器5V电源、2号脚为传感器搭铁、3号脚为传感器信号输出。据此按照维修手册要求进行线路检测如表所示。

前提条件	测量项目	正常值	故障原因
断开传感器B23F(B23E)线束连接器	测量2号脚对搭铁之间的电阻(关闭点火开关等待1min)	0.2Ω	如果电阻过大,说明该线路存在短路或接触不良、控制单元损坏
点火开关打开	测量1号脚对地之间电压	5V	如果高于5V,说明该线路对电压短路;如果低于5V,则检测该线路对地之间电阻(应为∞Ω)和1号脚至K20/54(33)脚之间电阻
点火开关打开	测量3号脚对地之间的电压(一般会比传感器电源电压稍低)	4.8~5V	如果高于5V,说明该线路对电压短路;如果低于5V,则检测该线路对地之间电阻(应为∞Ω)和3号脚至K20/27(11)脚之间电阻,如果等于5V,则测量1号脚与3号脚之间的阻值(应为∞Ω)

2)测试传感器

查阅资料得知,该传感器为霍尔式内部带处理电路的凸轮轴位置传感器,凸轮轴在旋转过程中,由于信号轮的转动,传感器输出信号周期性搭铁,从而确定凸轮轴的位置及转速。对于霍尔传感器,无法直接测量传感器的阻值,只能通过波形来判断传感器是否正常。

3)测试传感器波形

连接传感器的1号脚连接电控单元的5V传感器工作电源,2号脚接电源负极,3号脚接示波器,起动发动机用示波器检测该传感器波形及示波器参数设置,如图所示。

◆ **示例** 科鲁兹轿车常见传感器及执行器的诊断步骤及波形

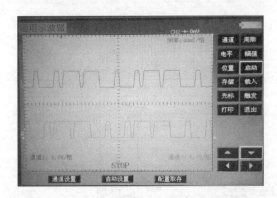

如果测出的波形为一条5V的直线,说明传感器没有输出信号。如果信号线波形为一条0V的直线,说明传感器信号线对地短路、传感器本身短路或者控制单元K20损坏。

4) 电控单元检测

拔下传感器插头,打开点火开关,用诊断仪观察发动机控制单元的"凸轮轴位置计数器"数据,此时应为"0"。用一个带有3A熔断丝的跨接线,一端连接传感器线路的3号端子,另一端不断搭铁,此时"凸轮轴位置活动计数器"的数值应增加,否则说明电控单元损坏。

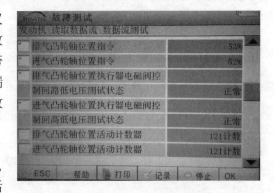

5) 相关传感器数据

进排气凸轮轴位置传感器的数据如图所示,主要观察发动机数据中"进、排气凸轮轴位置活动计数器",正常情况下,在发动机运行过程中,数据应该在"0~255"之间循环变化。

3. 进气压力传感器的检测

科鲁兹轿车除了安装有空气流量计外,还安装有进气压力传感器。由于进气压力传感器安装在进气歧管上,所以能迅速地反映出进气歧管的压力变化。在实际控制中,以进气压力传感器信号为喷油脉宽的主控信号,科鲁兹进气压力传感器电路原理图如图所示。

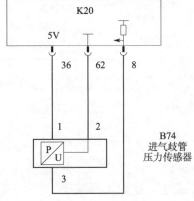

科鲁兹进气压力传感器端子如图所示。

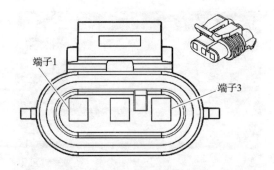

进气压力传感器各端子的线路颜色及作用如表所示。

针脚	导线	功能
1	0.5 BK/D-GN(黑色/深绿色)	进气歧管绝对压力传感器低电平参考电压
2	0.5 D-GN/WH(深绿色/白色)	进气歧管绝对压力传感器信号
3	0.5 GY/RD(灰色/红色)	进气歧管绝对压力传感器5V参考电压

1）测试传感器线路

由电路图可知,该进气压力传感器代号为B74,1号脚为传感器5V电源、2号脚为传感器搭铁、3号脚为传感器信号输出。据此按照维修手册要求进行线路检测,如表所示。

前提条件	测量项目	正常值	故障原因
断开传感器B74线束连接器	测量2号脚对搭铁之间的电阻（关闭点火开关等待1min）	<5Ω	如果电阻过大,说明该线路存在断路或接触不良、控制单元损坏
点火开关打开	测量1号脚对地之间电压	5V	如果高于5V,说明该线路对电压短路;如果低于5V,则检测该线路对地之间电阻（应为∞Ω）和1号脚至K20/54(33)脚之间电阻
点火开关打开	测量3号脚对地之间的电压（一般会比传感器电源电压稍低）	<1V	如果高于1V,说明该线路对电压短路;如果低于1V,则检测该线路对地之间电阻（应为∞Ω）和3号脚至K20/8号脚之间电阻（应<5Ω）

2）测试传感器

查阅资料得知,该进气压力传感器无法直接测量传感器的阻值,只能在线路故障及电控单元排除后,推断传感器是否损坏。

3）电控单元检测

根据维修手册和该进气压力传感器的工作原理,拔下传感器插头,打开点火开关,用诊断仪观察发动机控制单元的"进气压力传感器"数据,此时应为"0kPa"。用一个带有3A熔断丝的跨接线,跨接传感器线路的3号和1号端子,此时"进气压力传感器"数据应变成127kPa,否则说明电控单元损坏。

4)传感器相关数据

打开点火开关,进气压力传感器的数据应显示"当地绝对大气压力",并且数值随着海拔的升高而减小。发动机怠速时进气压力传感器的数据应为36kPa左右,如图所示,随着节气门开度的增大和发动机转速的升高,压力传感器的数值也应升高。

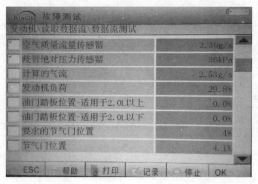

4.节气门体的检测

节气门体内部带有一个直流电动机和两个节气门位置传感器,科鲁兹节气门体电路原理图如图所示。

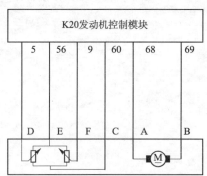

Q38节气门位置执行器

科鲁兹节气门位置执行器端子如图所示。

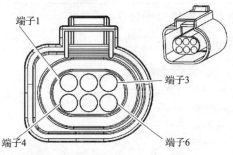

节气门位置传感器各端子的线路颜色及作用如表所示。

针脚	导 线	功 能
A	0.75 BN/WH(棕色/白色)	节气门执行器控制关闭
B	0.75 BN/RD(棕色/红色)	节气门执行器控制开启

续上表

针脚	导　线	功　能
C	0.5 BK/YE(黑色/黄色)	节气门位置传感器低电平参考电压
D	0.5 BN/D-GN(棕色/深绿色)	节气门位置传感器信号(1)
E	0.5 BN/RD(棕色/红色)	节气门位置传感器5V参考电压
F	0.5 BN/D-BU(棕色/深蓝色)	节气门位置传感器信号(2)

1) 测试传感器线路

由电路图可知,该节气门位置传感器代号为Q38。其A、B脚为电动机控制线路。C脚为两个位置传感器的搭铁,E脚为两个传感器的5V电源、D脚为1号节气门位置传感器信号输出,F脚为2号节气门位置传感器信号输出,线路检测步骤如表所示。

前提条件	测量项目	正常值	故障原因
断开节气门体Q38线束连接器	测量C脚对搭铁之间的电阻(关闭点火开关等待1min)	<5Ω	如果电阻过大,说明该线路存在断路或接触不良、控制单元损坏
点火开关打开	测量E脚对地之间电压	5V	如果高于5V,说明该线路对电压短路;如果低于5V,则检测该线路对地之间电阻(应为∞Ω)和E号脚至K20/56脚之间电阻(应<5Ω)
点火开关打开	测量D脚对地之间的电压(一般会比传感器电源电压稍低)	4.8~5.2V	如果高于5.2V,说明该线路对电压短路;如果低于4.8V,则检测该线路对地之间电阻(应为∞Ω)和D脚至K20/5号脚之间电阻(应<5Ω)
点火开关打开	测量F脚对地之间的电压(一般会比传感器电源电压稍低)	<1V	如果高于1V,说明该线路对电压短路;如果低于1V,则检测该线路对地之间电阻(应为∞Ω)和F脚至K20/9号脚之间电阻(应<5Ω)

节气门电动机控制线路的检测步骤如表所示。

前提条件	测量项目	正常值	故障原因
断开节气门体Q38线束连接器	测量A脚和B脚对搭铁之间的电阻(关闭点火开关等待1min)	<5Ω	如果电阻过大,说明该线路存在断路或接触不良、控制单元损坏
点火开关打开	测量A端子与搭铁;B端子与搭铁之间连接试灯	试灯不应持续点亮	如果一直点亮,测量相关线路对电压短路故障。如果试灯一直不亮,测量线路端对端电阻及对地之间电阻

2) 测试传感器

查阅资料得知,该节气门位置传感器为普通可变电阻式位置传感器,用万用表测量C与

E脚之间的电阻,应符合表中的要求,且在动态测量过程中,电阻值不能发生突变。

静态测试	C—E	C—D	C—F	A—B	动态测试	C—D	C—F
阻值	1.452kΩ	3.071kΩ	1.456kΩ	2.3~2.9Ω	缓慢开启节气门片	3.073~1.973 kΩ	1.456~2.242kΩ

3)传感器相关数据

节气门位置传感器的相关数据,在加速踏板两种极限状态下,通过诊断仪观察两个传感器的数据,如图所示。

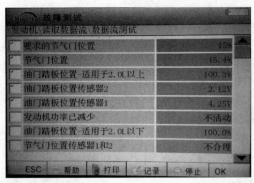

加速踏板未踩下和踩下两种极限状态下,节气门位置传感器的输出电压标准值范围应满足表中的要求。

节气门位置传感器1	加速踏板未踩下	4.14~4.34V
	加速踏板完全踩下	3.50~3.37V
节气门位置传感器2	加速踏板未踩下	0.68~0.88V
	加速踏板完全踩下	1.35~1.55V

5. 点火线圈及线路的检测

科鲁兹轿车点火线圈采用整体式点火线圈,无法单独更换,其电路原理图如图所示。

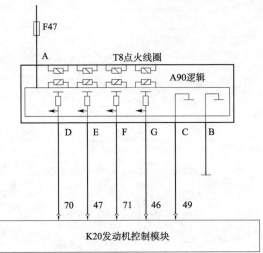

科鲁兹点火线圈 T8 端子如图所示。

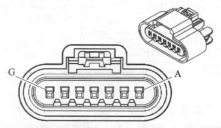

点火线圈各端子的线路颜色及作用如表所示。

针脚	导 线	功 能
A	1 VT/BK(紫红色/黑色)	动力系统主继电器熔断丝电源
B	0.75 BK(黑色)	搭铁
D	0.75 D-BU/VT(深蓝色/紫红色)	点火控制（1）
E	0.75 D-BU/WH(深蓝色/白色)	点火控制（2）
F	0.75 D-GN/D-BU(深绿色/深蓝色)	点火控制（3）
G	0.75 YE/D-BU(黄色/深蓝色)	点火控制（4）

1）点火电路的检测

点火电路的检测步骤如表所示。

前提条件	测量项目	正常值	故障原因
断开点火线圈 T8 线束连接器	测量 B 脚对搭铁之间的电阻	<3Ω	如果电阻过大，说明该线路存在断路或接触不良
断开点火线圈 T8 线束连接器	测量 C 端子对搭铁之间的电阻（关闭点火开关等待 1min）	<5Ω	如果电阻过大，检测该线路端对端之间的电阻，电阻正常，说明控制单元损坏
断开点火线圈 T8 线束连接器（打开点火开关）	用试灯连接 A 端子与搭铁之间（或者测量 A 端子与搭铁之间电压）	试灯点亮（蓄电池电压）	如果试灯不良，检查线路熔断丝及该线路对搭铁之间的电阻（应为∞Ω）。如果熔断丝正常，检测熔断丝至 T8/A 端子之间线路的电阻
起动发动机（断开喷油器相关线路防止淹缸）	在 T8/D(E、F、G) 端子与搭铁之间连接试灯	试灯应该闪烁	如果试灯一直点亮，检查该线路对电压短路故障。如果试灯一直不亮，检查该线路对搭铁之间的电阻及相关线路端对端之间的电阻（应<5Ω）

2）点火系统相关元件的检测

火花塞的检测按照发动机构造中的火花塞检查的要求或者火花塞生产厂家的技术标准进行检测。点火线圈的检测需拆下点火线圈，在单个高压胶套上插上正常的火花塞，将点火线圈线束连接器连接至点火线圈，起动发动机，进行跳火试验。

跳火试验的目的是通过目视观察火花塞的跳火能量及火花质量或者有无火花来判断点火线圈的好坏。

注:跳火试验时,一定要将喷油器线路切断或者拔下全部喷油器插头,以防止淹缸。另外火花塞的侧电极必须可靠搭铁。

3)点火系统相关数据

查看发动机数据中的"点火数据",四个汽缸的点火数据如图所示。

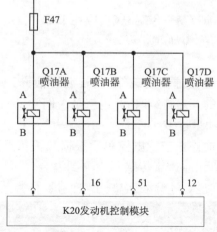

此处的"不点火计数器"中的"不点火"的含义是汽缸内没有"燃烧",而不单单是火花塞没有跳火。换句话说,喷油器不喷油、喷油器雾化不良、汽缸压力不足、火花塞间隙失常、点火线圈故障等问题均会造成该数据出现。

6. 喷油器及线路的检测

喷油器为蓄电池提供12V电源,电控单元控制喷油器的搭铁时间来控制喷油器的开启时刻,从而控制喷油器的喷油量。喷油器的控制电路原理图如图所示。

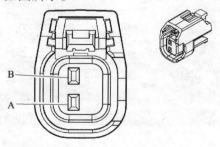

科鲁兹轿车喷油器端子如图所示。

喷油器各端子的线路颜色及作用如表所示。

针脚	导　线	功　能
A	0.5 VT/D-BU（紫红色/深蓝色）	动力系统主继电器熔断丝电源（1）
B	0.5 BN/VT（棕色/紫红色）	喷油器控制（1）

1）喷油器线路的检测

喷油器线路的检测步骤如表所示。

前提条件	测量项目	正常值	故障原因
断开喷油器Q17A、Q17B、Q17C、Q17D线束连接器，打开点火开关	在A脚与搭铁之间连接一个试灯（测量A脚与搭铁之间电压）	应该点亮（电压应为蓄电池电压）	试灯未点亮，检测熔断丝F47及F47与喷油器A端子之间线路电阻（应<1Ω）。如果熔断丝熔断，检测F47至喷油器线路对地电阻（应为∞Ω）
起动发动机	在喷油器的A端子与B端子之间连接一个二极管试灯	试灯应闪烁	试灯一直亮——检测喷油器B端子至K20线路对搭铁之间电阻（应为∞Ω），否则电控单元损坏。 试灯一直不亮——检测喷油器B端子至K20线路对搭铁之间的电压以及线路端对端之间的阻值（应<5Ω）

2）喷油器的检测

用万用表欧姆挡测量喷油器A—B端电阻，应在13Ω左右。给喷油器两端直接连接蓄电池正负极，应听到喷油器清脆的"咔哒"声。

3）喷油相关数据

一般观察喷油数据主要为喷油器负载循环、长期燃油修正和短期燃油修正三个参数。喷油器负载循环表示喷油器的开启持续时间，也就是人们常说的喷油脉宽，急速时一般不超过2.8ms，如果过大，说明喷油量过多。

长期燃油修正和短期燃油修正表示电控单元根据相关传感器对喷油量的一个修正，如果该数值为正值，表示控制单元通过氧传感器检测到混合气偏稀，应增加喷油量；如果该值为负值，说明控制单元检测到混合气偏浓，应减小喷油量，科鲁兹轿车喷油数据如图所示。

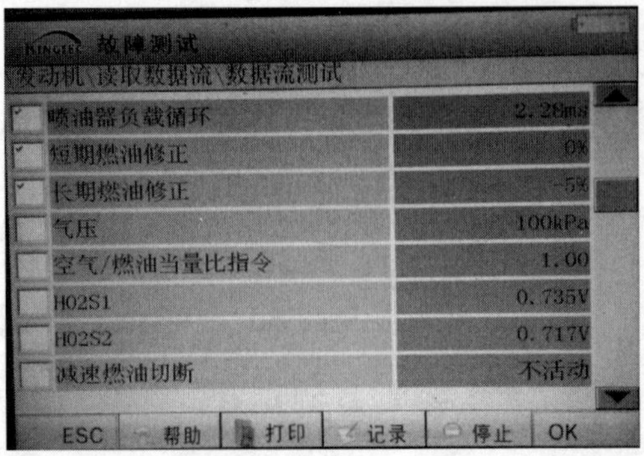

7. 凸轮轴位置调节电磁阀的检测

凸轮轴位置调节电磁阀的主要作用是控制可变正时执行器中的机油压力,获取电控单元所期望的进排气正时角度,从而实现与当前工况最为匹配的充气效率。科鲁兹凸轮轴位置调节电磁阀的电路原理图如图所示。

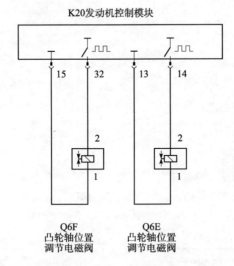

科鲁兹进、排气凸轮轴位置调节电磁阀端子如图所示。

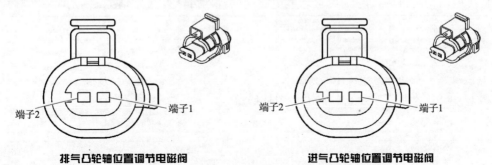

排气凸轮轴位置调节电磁阀各端子的线路颜色及作用如表所示。

针脚	导线	功能
1	0.5 BN/D-GN(棕色/深绿色)	动力系统主继电器熔断丝电源
2	0.5 BK(黑色)	排气凸轮轴同步器电磁阀

进气凸轮轴位置调节电磁阀各端子的线路颜色及作用如表所示。

针脚	导线	功能
1	0.5 VT/D-BU(紫红色/深蓝色)	动力系统主继电器熔断丝电源
2	0.5 VT/BN(紫红色/棕色)	进气凸轮轴同步器电磁阀

1) 凸轮轴位置调节电磁阀线路的检测

科鲁兹轿车进排气凸轮轴位置调节电磁阀的线路检测步骤如表所示。

前提条件	测量项目	正常值	故障原因
关闭点火开关,断开凸轮轴位置调节电磁阀 Q6F(Q6E)线束连接器	测量1号脚对搭铁之间的电阻	<5Ω	如果电阻过大,检测该线路端对端电阻。电阻正常,说明控制单元损坏
打开点火开关	测量2号端子与搭铁之间的电压	12V(蓄电池电压)	电压过高,说明线路对电压短路;电压过低,测量线路对搭铁之间的电阻及线路端对端的电阻(<5Ω)。电路测试正常,说明控制单元损坏
连接故障诊断仪,打开点火开关,对相应的凸轮轴位置调节电磁阀进行动作测试	测量2号端子与搭铁之间的电压	应从12V降低到10V以下	如果电压不符合标准,更换K20控制单元

2)凸轮轴位置调节电磁阀的检测

科鲁兹轿车进排气凸轮轴位置调节电磁阀的检测方法及正常值如表所示。

前提条件	测量项目	正常值	故障原因
关闭点火开关,断开凸轮轴位置调节电磁阀 Q6F(Q6E)线束连接器	测量1号脚与2号脚之间的电阻	应为7~12Ω	如果电阻超标,更换相应的凸轮轴位置调节电磁阀
关闭点火开关,断开凸轮轴位置调节电磁阀 Q6F(Q6E)线束连接器	测量1号端子和2号端子与搭铁之间的电阻	∞Ω	如果电阻超标,更换相应的凸轮轴位置调节电磁阀
凸轮轴位置调节电磁阀 Q6F(Q6E)上直接连接蓄电池正负极	连接和断开蓄电池的负极	应听到清脆的"咔哒"声	如果动作轻微,说明阀芯卡滞,应拆下该阀进行清洗,然后复测。检查机油质量及机油型号是否符合车辆要求

3)凸轮轴位置调节电磁阀的相关数据

用诊断仪观察发动机数据中的"凸轮轴位置调节电磁阀"的数据,其数据应显示"OK(正常)"或"Not Run(未运行)",具体见表所示的要求。

示例　科鲁兹轿车常见传感器及执行器的诊断步骤及波形

数据序号	数据项目	正常值
1	进气凸轮轴位置传感器电磁阀控制电路开路测试状态	"OK(正常)"或"Not Run(未运行)"
2	进气凸轮轴位置传感器电磁阀控制电路电压过低测试状态	"OK(正常)"或"Not Run(未运行)"
3	排气凸轮轴位置传感器电磁阀控制电路电压过高测试状态	"OK(正常)"或"Not Run(未运行)"
4	排气凸轮轴位置传感器电磁阀控制电路开路测试状态	"OK(正常)"或"Not Run(未运行)"
5	排气凸轮轴位置传感器电磁阀控制电路电压过低测试状态	"OK(正常)"或"Not Run(未运行)"

如果上述数据中显示"故障",则需要检查相应的凸轮轴位置调节电磁阀的线路及电磁阀本身。在诊断仪上读取的数据如图所示。

4)凸轮轴位置调节电磁阀的控制线路波形

正常工作时,凸轮轴位置传感器的波形的幅值应该是蓄电池电压,其波形如图所示。

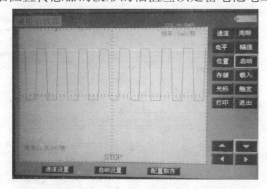

8. 冷却液温度传感器的检测

科鲁兹轿车有两个冷却液温度传感器（B34A 和 B34B）。两个传感的结构原理完全一致，都为普通热敏电阻式温度传感器，为负温度系数特性。随着温度的升高，传感器电阻阻值变小，反之增大。冷却液温度传感器电路如图所示。

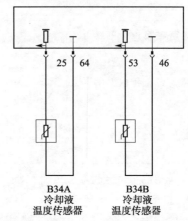

冷却液温度传感器的端子如图所示。

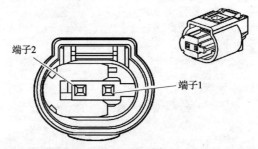

冷却液温度传感器各端子的线路颜色及作用如表所示。

针脚	导　线	功　　能
1	0.5 D-BU（深蓝色）	发动机冷却液温度传感器信号
2	0.5 BK/BN（黑色/棕色）	冷却液温度传感器低电平参考电压

1）测试传感器线路

传感器1号脚为传感器5V电源兼信号，2号脚为传感器搭铁，线路检测步骤如表所示。

前提条件	测量项目	正常值	故障原因
断开传感器B34A（B34B）线束连接器	测量2号脚对搭铁之间的电阻（关闭点火开关等待1min）	<5Ω	如果电阻过大，说明该线路存在短路或接触不良、控制单元损坏
打开点火开关	测量1号脚对地之间电压	5V	如果高于5V，说明该线路对电压短路；如果低于5V，则检测该线路对地之间电阻（应为∞Ω）和1号脚至K20/54(33)脚之间电阻

2) 测试传感器

该传感器为普通负温度系数热敏电阻型冷却液温度传感器,其不同温度下对应不同的阻值,对应关系如表所示。

℃	°F	Ω	℃	°F	Ω	℃	°F	Ω
温度对电阻值(近似值)			温度对电阻值(近似值)			温度对电阻值(近似值)		
140	284	50	47	116	900	-24	-11	28500
126	258	75	39	102	1200	-24	-11	31000
116	240	100	33	91	1500	-27	-16	33000
108	226	120	29	84	1800	-27	-16	35000
99	210	160	24	75	2250	-28	-18	39000
92	197	200	19	66	2800	-30	-22	49000
84	183	250	15	59	3500	-33	-27	60000
78	172	300	9	48	4500	-37	-34	70000
69	156	400	5	41	5500	-40	-40	93000
63	145	500	1	33	7000			
58	136	600	-6	+22	9500			
51	123	750	-9	+16	12000			
			-14	+7	16000			
			-19	-2	21500			

3) 电控单元检测

根据维修手册和该传感器的工作原理,拔下传感器插头,打开点火开关,用诊断仪观察发动机控制单元的"发动机冷却液温度"数据,此时应为"-40℃"。用一个带有3A熔断丝的跨接线,连接传感器线路的1号和2号端子,此时"发动机冷却液温度"数据,应为"140℃",否则说明电控单元损坏。

4) 传感器相关数据

读取发动机数据中的冷却液温度传感器数据,可直接显示当前发动机冷却液温度,如图所示。

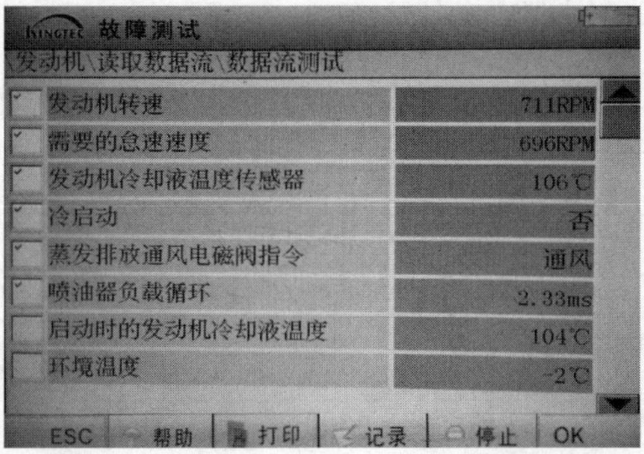

发动机冷却液温度的变化范围为-40~140℃,一般测量值可与散热器进水管处实测温度进行对比,即可判断其状态。

9.加速踏板位置传感器的检测

节气门执行器控制（TAC）系统是利用两个加速踏板位置（APP）传感器监测加速踏板位置。加速踏板位置传感器1和2位于踏板总成内。每个传感器有一个5V参考电压电路、一个低电平参考电压电路和一个信号电路。

发动机控制模块（ECM）内有两个处理器，以监测节气门执行器控制电动机。两个加速踏板位置传感器(APP)向两个处理器提供与踏板移量成比例的信号电压。处理器分享并监测数据，以确认所显示的加速踏板位置计算值是正确的。加速踏板位置传感器的电路原理图如图所示。

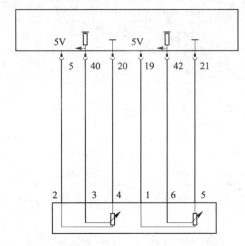

加速踏板位置传感器的电路端子如图所示。

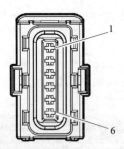

加速踏板位置传感器各端子的线路颜色及作用如表所示。

针脚	导　线	功　能
1	0.5 BN/RD(棕色/红色)	加速踏板位置传感器5V参考电压(2)
2	0.5 WH/RD(白色/红色)	加速踏板位置传感器5V参考电压(1)
3	0.5 YE/WH(黄色/白色)	加速踏板位置传感器信号(1)
4	0.5 BK/D-BU(黑色/深蓝色)	加速踏板位置传感器低电平参考电压(1)
5	0.5 BK/VT(黑色/紫红色)	加速踏板位置传感器低电平参考电压(2)
6	0.5 D-GN/WH(深绿色/白色)	加速踏板位置传感器信号(2)

示例　科鲁兹轿车常见传感器及执行器的诊断步骤及波形

1）传感器线路检测

加速踏板位置传感器的线路检测步骤如表所示。

前提条件	测量项目	正常值	故障原因
断开传感器B107线束连接器	测量4号脚和5号脚对搭铁之间的电阻（关闭点火开关等待1min）	<3Ω	如果电阻过大，说明该线路存在短路或接触不良，线路正常说明控制单元损坏
点火开关打开	测量2号脚和1号脚对地之间电压	5V	如果高于5V，说明该线路对电压短路；如果低于5V，则检测该线路对地之间电阻（应为∞Ω）和1号脚至K20/54(33)脚之间电阻
点火开关打开	测量3号和6号脚与搭铁之间的电压	<0.1V	如果高于0.1V，说明该线路对电短路，线路正常说明电控单元损坏。低于0.1V，测量3号至K20/40和6号至K20/42号之间的端对端电阻

2）传感器检测

该传感器属于滑动可变电阻型传感器，可用指针万用表或示波器观察其电阻值的变化及波形变化来判断传感器正常与否，加速踏板各状态阻值如表所示。所测量的电阻阻值应平稳变化，不能出现阻值突变的情况（尤其在1/3开度位置处特别注意）。

检测状态	3—5阻值	5—6阻值	3—4阻值	4—3阻值
静态检测	2.04kΩ	0.916kΩ	1.090kΩ	0.927kΩ
缓慢压下加速踏板	—	0.916~1.475kΩ	—	0.927~1.532kΩ

3）电控单元检测

通过直接给电控单元输入标准电压信号和读取电控单元内部的数据来判断电控单元的状态，其检测步骤如表所示。

前提条件	测量项目	正常值	故障原因
用诊断仪观察"加速踏板位置传感器1"的数据	用一条3A熔断丝跨接线连接B107传感器线束侧的3和2号端子	4.8~5.2V	如果低于4.8V，测量该线路与搭铁之间的电阻以及该线路端对端之间的阻值，线路正常，说明电控单元损坏
用诊断仪观察"加速踏板位置传感器2"的数据	用一条3A熔断丝跨接线连接B107传感器线束侧的1和6号端子	4.8~5.2V	如果低于4.8V，测量该线路与搭铁之间的电阻以及该线路端对端之间的阻值，线路正常，说明电控单元损坏

4）传感器相关数据

读取发动机数据中的"加速踏板位置传感器"数据，的数据流如图所示。各数值应随着加速踏板的踩下而变化。

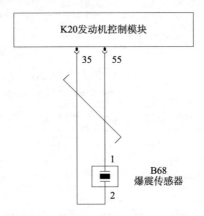

10. 爆震传感器的检测

爆震传感器可检测发动机的振动和噪声,发动机控制模块(ECM)根据该信号控制点火正时,以获得最佳的点火性能,同时保护发动机免受潜在的爆震损害。科鲁兹发动机爆震传感器的电路原理图如图所示。

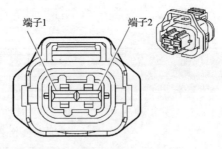

科鲁兹发动机爆震传感器端子如图所示。

爆震传感器各端子线路颜色及作用如表所示。

针脚	导　线	功　能
1	0.5 WH/GY(白色/灰色)	爆震传感器信号(2)
2	0.5 VT/GY(紫红色/灰色)	爆震传感器信号(1)

1)传感器线路检测

爆震传感器线路的检测步骤如表所示。

示例　科鲁兹轿车常见传感器及执行器的诊断步骤及波形

前提条件	测量项目	正常值	故障原因
断开B68传感器,打开点火开关	测量2号端子和与搭铁之间的电压	1~2V	如果低于规定值,测量该线路与搭铁之间的电阻以及该线路端对端之间的阻值,线路正常,说明电控单元损坏。 如果高于规定值,则该线路与电压短路。线路正常,说明电控单元损坏
断开B68传感器,打开点火开关	测量2号端子与1号端子之间的电压	2.5~3.5V	如果低于规定值,测量该线路与搭铁之间的电阻以及该线路端对端之间的阻值,线路正常,说明电控单元损坏。 如果高于规定值,则该线路与电压短路。线路正常,说明电控单元损坏

2)传感器的检测

一般使用示波器或指针式万用表测量爆震传感器的输出电压来判断好坏。爆震传感器插头有三个插针,其中一个是屏蔽层,在电路中接搭铁,另外两个插针是信号输出。测量时将示波器或万用表的表笔连接在传感器的信号输出端子上,然后用木棒敲击爆震传感器周围的汽缸体,在示波器上就显示一个脉冲电压波形,用万用表测量时指针会瞬时偏转,若敲击传感器时没有电压输出说明传感器损坏。

另外,爆震传感器对其固定螺栓的拧紧力矩有严格的要求,科鲁兹轿车爆震传感器的拧紧力矩为20N·m。拧紧该螺栓时,必须用预置式扭力扳手进行拧紧,力矩不正确,会导致错误的传感器信号输出或故障码的产生。

3)传感器相关数据

读取发动机数据中的"爆震传感器"相关数据,其数据应符合下图所示。

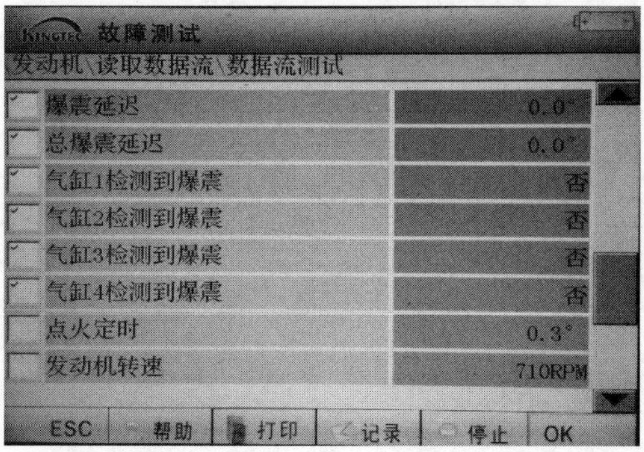

11. 氧传感器

科鲁兹轿车在三元催化器上游和下游各有一个加热型氧传感器,其代号分别为B52A和B52B。两个传感器的型号及信号特性完全一样,可以互换,其电路原理图如图所示。

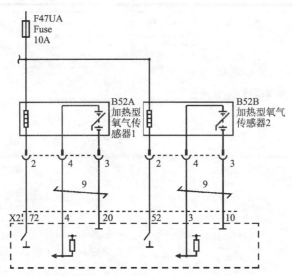

加热型氧传感器（HO_2S）用于燃油控制和催化剂监测。每个加热型氧传感器将环境空气的氧含量与废气中的氧含量进行比较，判断发动机燃烧的好坏，并对空燃比进行修正。控制模块向加热型氧传感器提供参考电压或大约450mV的偏置电压。当发动机起动时，控制模块在"开环"模式下工作，计算空燃比时忽略加热型氧传感器信号电压。在发动机运行时，加热型氧传感器受热并开始在0～1275mV范围内产生一个电压信号给电控单元。控制模块观察到加热型氧传感器的电压出现足够的波动时，则进入"闭环"模式。加热型氧传感器电压信号升高至1000mV方向增加，表示燃油混合气偏浓。如果加热型氧传感器的电压降低至偏置电压以下（趋向于0mV），则表示当前燃油混合气空燃比偏稀。

每个加热型氧传感器内的加热元件对传感器加热，使其更迅速升高至工作温度。这就使得系统能更早地进入"闭环"模式，并使控制模块更快地计算空燃比。

氧传感器的电路端子如图所示。

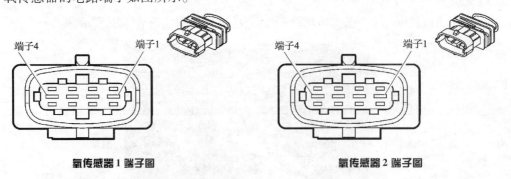

氧传感器1端子图　　　　　　　　　　**氧传感器2端子图**

氧传感器1各端子作用及线路颜色如表所示。

针脚	导　　线	功　　能
1	0.5 GY/WH（灰色/白色）	加热型氧传感器加热器低电平控制，缸组1传感器（1）
2	0.5 VT/GY（紫红色/灰色）	加热型氧传感器高电平信号，缸组1传感器（1）
3	0.5 VT/D-BU（紫红色/深蓝色）	动力系统主继电器熔断丝电源（2）
4	0.5 WH/BK（白色/黑色）	加热型氧传感器低电平信号，缸组1传感器（1）

示例　科鲁兹轿车常见传感器及执行器的诊断步骤及波形

氧传感器2各线路颜色及端子的作用如表所示。

针脚	导　线	功　能
1	0.5 GY/WH(灰色/白色)	加热型氧传感器加热器低电平控制,缸组1传感器(2)
2	0.5 VT/D-BU(紫红色/深蓝色)	加热型氧传感器高电平信号,缸组1传感器(2)
3	0.5 VT/D-BU(紫红色/深蓝色)	动力系统主继电器熔断丝电源(2)
4	0.5 WH/YE(白色/黄色)	加热型氧传感器低电平信号,缸组1传感器(2)

1)加热型氧传感器电路的检测步骤

由于两个氧传感器的工作原理完全一致,且传感器具有互换性,所以两个氧传感器的电路检测步骤完全一致,其电路检测步骤如表所示。

前提条件	测量项目	正常值	故障原因
关闭点火开关,断开B52A(B52B)	测量3号端子与搭铁之间的电阻	<5Ω	如果电阻过大,检测相应线路端对端之间的电阻。线路正常,说明电控单元损坏
连接故障诊断仪,打开点火开关	观察故障诊断仪的"加热型氧传感器"数据	1850～1950mV	电压过高,检测相关线路对搭铁电路的电阻。线路正常,说明电控单元损坏
打开点火开关	测量4号端子和搭铁之间的电压	1850～3000mV	电压过低,检测相关电路端对端的电阻及线路对搭铁之间的电阻。电压过高,检测电路对电压短路。线路正常,说明电控单元损坏
连接故障诊断仪,打开点火开关	在4号端子和3号端子之间安装一条带3A熔断丝的跨接线,起动发动机,观察"加热型氧传感器"参数	<60mV	如果电压大于规定值,说明电控单元损坏

2)加热型氧传感器电路加热电路的检测

每个加热型氧传感器必须达到工作温度以提供准确的电压信号。每个加热型氧传感器内部的加热元件使传感器达到工作温度所需的时间为最短。点火电压电路通过一个熔断丝将电压提供给加热器。发动机运行时,加热型氧传感器加热器的低电平控制电路通过发动机控制模块(ECM)内的低电平侧驱动器向加热器提供搭铁。发动机控制模块利用脉宽调制(PWM)以控制加热型氧传感器加热器工作,使加热型氧传感器保持在规定的工作温度范围内。加热型氧传感器加热电路的检测步骤如表所示。

前提条件	测量项目	正常值	故障原因
断开B52A(B52B)线束连接器打开点火开关	在端子1和搭铁之间连接一个试灯(测量端子1和搭铁之间的电压)	试灯点亮(蓄电池电压)	如果电压过低,检查熔断丝是否熔断。熔断丝熔断,检查该线路与搭铁之间的电阻。熔断丝正常,检查线路端对端的电阻(<2Ω)

续上表

前提条件	测量项目	正常值	故障原因
断开 B52A（B52B）线束连接器	在 1 端子和 2 端子之间连接一个试灯	应不点亮	试灯点亮，检查控制电路对搭铁之间的电阻，电路测试正常，说明控制单元损坏
连接故障诊断仪，打开点火开关	在 1 端子和 2 端子之间连接一个试灯，用故障诊断仪动作测试"氧传感器加热器"	试灯应点亮	不点亮，检查控制电路对搭铁之间的电压和控制电路端对端电阻。 试灯始终点亮、检查控制电路对搭铁之间的电阻（应为∞Ω）
连接故障诊断仪，打开点火开关	在 4 号端子和 3 号端子之间安装一条带 3A 熔断丝的跨接线，起动发动机，观察"加热型氧传感器"参数	<60mV	如果电压大于规定值，说明控制单元损坏。 电路测试正常，说明电控单元损坏

3）氧传感器加热器的检查

用万用表欧姆挡检测氧传感器加热器的 1 号端子和 2 号端子之间的电阻，应为 8～20Ω。如果阻值超过规定值，则更换加热型氧传感器。

4）加热型氧传感器的信号波形及参数设定

工作正常的氧传感器输出信号的信号波形及示波器参数设置如图所示。

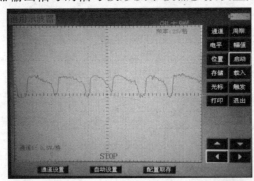

5）加热型氧传感器加热电路的波形

氧传感器加热器控制电路的信号波形及示波器参数设置如图所示。

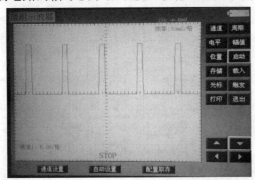